保育ソーシャルワークの内容と方法

保育ソーシャルワーク学研究叢書　第2巻

日本保育ソーシャルワーク学会　監修
永野典詞・伊藤美佳子
北野幸子・小口将典　責任編集

はしがき
――保育ソーシャルワークの学としての可能性を探る――

　日本において、「保育ソーシャルワーク」という言葉が意識的に使用され始めてからしばらく経った。この言葉がいつ頃から使用され始めたかを特定することは難しい側面もあるが、一般的には保育領域において保護者支援・子育て支援を新たな領域として位置付けようとする議論が積極的に展開されていく2000年代初めであるといってよいであろう。
　すなわち、それは、保護者支援・子育て支援の中核施設として保育所が位置付けられて以降のことであり、特に保育士資格が国家資格化（法定化）される2001年前後のことである。その先駆け的論者の1人である石井哲夫は、保育ソーシャルワークについて、「目下、保育所が社会的に期待されてきている保育は、単に保育所内の自己完結的な保育のみではない。子どもの属している生活空間や時間的な進行過程を望見し、アセスメントを行い、広い視野に立つ生活と発達の援助を行うことである。従って、保護者に対しても強く影響力をもつ保育が期待されてきている」と述べ、児童虐待の増加等に対して、保育所がセーフティネットの最前線にあるべきであると論じている。そして、地域子育て支援を担う人材として、「当面、現実的な視点から考えて、保育所として保育士もその任に当ることが妥当」としたうえで、保育士によるソーシャルワーク論を展開している（参照：石井哲夫「保育ソーシャルワーク講座――新エンゼルプラン、改訂保育指針にもとづく子育て支援を考える――」『白梅学園短期大学　教育・福祉研究センター研究年報』第6号、2001年；同「私説　保育ソーシャルワーク論」前掲年報、第7号、2002年）。
　ここでは、児童虐待の予防対応をメインに、地域における子育て支援拠点として、保育所・保育士がソーシャルワーク支援を必要としている家庭の子育て支援に積極的に対応していくことの重要性が唱えられているが、こうした指摘に見られるように、今日、保育所等保育施設におけるソーシャルワーク機能の発揮（ネットワーク構築を含む）や保育士等保育者の専門性としてのソーシャル

ワーク能力の形成、子どもと保護者に対する保育ソーシャルワーク実践をつかさどる人材（保育ソーシャルワーカー）の育成などが課題となるなかで、保育とソーシャルワークの学際的領域である保育ソーシャルワークへの関心が高まってきている。

　本研究叢書は、2013年11月30日に、保育ソーシャルワークの専門学会として設立された「日本保育ソーシャルワーク学会」の創立5周年を記念して企画されたものである。学会創設時には、当時の学会の総力を挙げて取り組まれた『保育ソーシャルワークの世界——理論と実践——』（晃洋書房、2014年11月。「改訂版」は、2018年7月）が発行されているが、近年、保育ソーシャルワークを専攻とする研究者・実践者やそれを直接のテーマとする論文・実践報告の数も急速に増えつつあり、保育ソーシャルワークの学としての組織化・体系化が求められるにいたっている。

　本研究叢書は、保育ソーシャルワークの学としての構築をめざして、再び学会の叡智を結集して編集されたものである。「思想と理論」、「内容と方法」及び「制度と政策」の3巻で構成され、保育ソーシャルワーク研究・実践の現段階を明らかにし、学としての創造に向けて今後進むべき道標を指し示そうと試みている。できる限り保育ソーシャルワークの全体像が鳥瞰できるよう、随所に工夫がなされており、日本初の「保育ソーシャルワーク学講座」と呼べる内容となっている。

　各論文にあっては、それぞれに最新の議論と実践が紹介され展開されているが、なかには、まったく相反する内容や見解も含まれている。それらは、真理を探究する学会としての健全さを示すものであると同時に、保育ソーシャルワークの学としての可能性を雄弁に物語るものであるといえるであろう。本研究叢書が、保育ソーシャルワークを考究する「定跡（石）」の書として、保育ソーシャルワークの研究者・実践者のみならず、保育とソーシャルワークを学ぶ学生・院生、保育者、ソーシャルワーカー、子育て支援関係者、保育行政職員、さらには、保育・子育てに関心のある一般市民の方々に広く読まれていくことを願ってやまない。

　最後になったが、厳しい出版事情のなかで、上述した学会設立記念誌に加えて、全3巻という大部の学術専門書の発行にあたり、本書の出版を快諾された

晃洋書房の植田実社長、編集でお世話になった丸井清泰氏、校正でお手数をおかけした石風呂春香氏に、心から感謝の意を表したい。

2018年9月1日
　　　　　　　　　学会創立5周年を記念して
　　　　　　　　　日本保育ソーシャルワーク学会
　　　　　　　　　　　　　　　　　会長　伊藤良高

解　題

| 第 2 巻編集委員 | 永野典詞　伊藤美佳子 |
| | 北野幸子　小口将典 |

　本書が対象とする保育所、幼稚園、幼保連携型認定こども園など（以下、「保育施設」という）では、そこで働く保育士、幼稚園教諭、保育教諭（以下、「保育者」という）には保育や子育ての知識や技術だけでなく、相談、援助といったソーシャルワークの価値（原理）、知識と技術を有すること求められてきている。「保育所保育指針」（2017年3月31日告示、2018年4月1日適用）では、第4章に「子育て支援」が設けられ、保育所における子育て支援に関する基本的事項が示され、保育施設は地域における子育ての基幹施設であることが理解できる。

　本書が対象とする保育ソーシャルワークの内容と方法は保育施設にあっては1つの支援策の方法であり、手立てでもある。例えば、保護者支援に際して、保育ソーシャルワークを実践（ケースワークや面接技法など）することで、経験や人間性だけに依拠しない、より専門性の高い支援が可能となる。

第 2 巻の構成と内容

　第2巻（内容と方法）の構成は、次のようになっている。全体で2部構成であるが、まず、「第Ⅰ部　保育ソーシャルワークの内容と実践」では、保育ソーシャルワーク実践の意義と方向性、保護者に対する保育に関する指導、保育に関する相談・援助、関係機関・関係者との連携、保育者に対するスーパービジョンと保育実践への支援について検討している。次いで「第Ⅱ部　保育ソーシャルワークの方法と実践」では、保育ソーシャルワークの展開過程、面接技法、効果測定、保育ソーシャルワーク実践研究として、ケースワーク、グループワーク、コミュニティワーク、エコシステム構想について考察している。「第Ⅰ部」「第Ⅱ部」ともに保育施設、子育て家庭、地域社会の現状を踏まえた保育ソーシャルワーク実践における具体的なテーマであり、それぞれの理念や知識、技術について考究している。

　「第Ⅰ部」の第1章「保育ソーシャルワーク実践の意義と方向性」（永野典詞）は、保育ソーシャルワーク実践の意義として「子どもの最善の利益」「保育施

設における保育ソーシャルワーク実践の意義」「社会的養護関係施設における保育ソーシャルワーク実践の意義」の3つの視点から述べている。また、保育ソーシャルワーク実践によって、子どもの最善の利益が保障され、子どもたちが健やかに育つ社会を目指す、と同時に、保護者が子育ての悩みや不安を感じたときに適切な支援が受けられるような仕組みを作っていくことが重要であることを指摘している。

第2章「保護者に対する保育に関する指導」(伊藤良高・伊藤美佳子)は、保育ソーシャルワークの視点から、保育士の業務として明記された「保護者に対する保育に関する指導」の原理と実際について考察している。保護者に対する保育に関する指導の原理と実践について、筆者が経営する桜山保育園(熊本県荒尾市)における実践事例を素材にしたものをもとに検討している。最後に、保育ソーシャルワークから見た保護者に対する保育に関する指導をめぐる課題について論究し、保育指導の理論と実践への探究を保育ソーシャルワークの視点からアプローチすることの必要性が示唆されている。

第3章「保育に関する相談・援助」(北野幸子)は、保育に関する相談・援助の位置付けについて、指針や要領を中心にその内容を確認している。また、その意義や在り方についても考察を加え、その基本理念について、倫理的な側面や重要な点について、昨今の研究動向を踏まえながら紹介されている。さらには、保育に関する相談・援助の構造について、担い手や対象、場面、内容を概観し、保育現場における相談・援助の具体的な実践例を紹介している。そして最後に、保育所、認定こども園、幼稚園における保育者による保育に関する相談・援助の在り方について展望し新たな示唆が示されている。

第4章は「関係機関・関係者との連携」(桐原誠)は、社会的養護の中核を担う施設を主として、子どもの最善の利益を目指した支援および保護者・養育者に対する支援を行う際の関係機関・関係者との望ましい連携の在り方と、社会的養護に携わる者に求められる資質とはどのようなものであるのかについて論じている。そして、子どもや家族を支援する際の枠組みや流れが、施設・学校・地域・関係機関を含む支援者及び当事者間で有機的に共有され、様々な知識やノウハウが積み上げられた個別性が確保された支援の必要性が示唆されている。

第5章「保育者に対するスーパービジョンと保育実践への支援」(灰谷和代)は、保育者自身の質の向上だけでなく保育者自身の負担の軽減や組織全体の

チーム力の向上にもなり得る、間接的な支援のソーシャルワーク・スーパービジョンと直接的な支援の保育実践への支援について考察している。そして、保育者自身の質の向上や保育者自身の負担の軽減や組織全体のチーム力の向上を目指した保育者への教育実践である、「スーパービジョン」と「保育実践」への支援について、保育現場での場面や事例等が紹介され、両者の関係性や方法のプロセスやプログラムの開発の必要性を指摘している。

「第Ⅱ部」の第6章「保育ソーシャルワークの展開過程」(小口将典)は、複雑な問題を解きほぐしながら保護者の問題解決力を高める保育ソーシャルワークの展開過程を、支援における「問題解決の時間軸」という概念として提起し、具体的な支援の方法論を検討している。また、支援のねらいや方針を明確化し、今、直面している課題をどう乗り越えるかという視点と、「支援における時間」をキーワードに、課題の背景を探りながら保護者自身の課題および子どもの発達課題を長期的に見据え、見通しのある支援の方向性を検討していくことの必要性を提言している。

第7章「保育ソーシャルワークにおける面接技法」(下坂剛)は、面接技法としてのカウンセリングにどのような理論があり、具体的な技法について解説した後に、保育現場におけるカウンセリング実践の現状と問題点、保育ソーシャルワークとカウンセリングの接点と今後の展望について論究している。そして、保育者がカウンセリングマインドを身に付け、保育の質を高めるという方向性は、現状の保育者が抱える給与等の水準の低さを考慮すれば適切でないと指摘している。同時に、制度的改革も必要であることを述べ現場の保育者のニーズに寄り添った専門性を確立していくことを提言している。

第8章「保育ソーシャルワークにおける効果測定」(今井慶宗)は、保育分野におけるソーシャルワークでのモニタリングの特性と測定の精度について論じている。そして、保育現場において実際に可能な方法であることが大切であること、かつ、利用者にとっての効果の測定、援助者自身の実践の検証の両面から測定できるものであることが望ましいことを指摘している。それを踏まえて、他分野で行われているモニタリングの取り組みをソーシャルワークに取り入れつつ、モニタリング内容の充実と明確化を図っていくことを示唆している。

第9章「保育ソーシャルワーク実践研究Ⅰ――ケースワークを中心に――」(吉田茂)は、保育ソーシャルワーク実践の中でもケースワークに関する実践について、筆者が園長を務めるふたば保育園の事例を用いて検討することを目的

としている。そこで、事例については、支援の在り方を考察していく連絡ノートのやりとりの内容をもとに分析・検討され、連絡ノートの記述内容自体を取り上げ、分析・検討している。そして、保護者が子育ての主体であるが、保育所や保育士が第2の主体となることを自覚することが重要であると提言している。

第10章「保育ソーシャルワーク実践研究Ⅱ――グループワークを中心に――」(竹下徹)は、「保育」という領域にこれまでソーシャルワーク研究が焦点をあててこなかった反省、課題を強く認識した上で、保育ソーシャルワークの理論的発展には欠かせない基礎的方法の1つであるグループワークを取り上げ、保育分野における活用の意義と課題を中心に考察されている。そして、グループワークの主体や援助対象などが明確に定まっておらず、グループワークの実際の進め方やその有用性が保育現場に浸透していないことが指摘され、保育現場に親和性のあるグループワーク理論が体系化されることを提言している。

第11章「保育ソーシャルワーク実践研究Ⅲ――コミュニティワークを中心に――」(吉田祐一郎)は、保育ソーシャルワークとして地域においてどのような視点でコミュニティワークやコミュニティソーシャルワークを意識して支援展開することが必要であること、かつ、子育て家庭に対する個別支援の必要性と、生活課題の解決に向けた支援ネットワークの重要性を指摘している。そして、保育ソーシャルワーカーなど専門職は、子ども・保護者への個別支援とあわせ、子育て家庭を支える地域との社会資源との接点をいかに構築していくことができるのかという視点により支援展開を進めることが必要であると提言している。

第12章「エコシステム構想による保育ソーシャルワーク実践」(山城久弥)は、保育所や保育士が保育ソーシャルワークを実践していくにあたり、どのような視点や枠組みにおいて実践すべきかについて、エコシステム構想を手がかりに論究している。そして、保育ソーシャルワークにおいても、エコシステムの理論や構想に依拠しながら、エンゲージメント ⇒ アセスメント ⇒ プランニング ⇒ インターベンション ⇒ 評価・終結といった過程で支援を展開していく必要があることを指摘し、①アセスメント機能と②支援機能の2つの柱をしっかりと確立していくことを提言している。

課題と展望

保育ソーシャルワークの知識と技術を用いた実践は、保育施設において少し

ずつではあるが取り組まれるようになってきた。しかし、多くの現場では、保護者支援、子育て支援などにあたっては悩み模索（あるいは苦悩）している状況であるといえる。そのような状況下にあって、保育ソーシャルワークの必要性、重要性、そして有効性を示すことは喫緊の課題であろう。

　保育施設で、保育ソーシャルワークを実践する場合、それぞれの保育施設に親和性があることが求められる。そして、前提条件として保育の原理、ソーシャルワークの価値・理論に立脚したものでなくてはならない。つまり、子どもの最善の利益を追求することを目的に、保育ソーシャルワーク実践が行われることが必要である。しかし、その内容は多岐にわたる、しかも、それぞれの場面で最も有効な保育ソーシャルワーク実践が求められるのである。

　そこで、本巻の研究成果である保育施設における保育ソーシャルワークにおける保育指導、保育に関する相談・助言、面接技法、効果測定、ケースワーク、グループワーク、コミュニティワーク、エコシステム構想に基づく保育ソーシャルワークなどを参考に現場で有効活用されると思われる。これまでの保育界にみられた、経験則、人間性に依拠した支援方法ではなく、保育ソーシャルワークの価値、知識と技術を用いた支援として、子育てに関するそれぞれの課題や問題が解決される保育ソーシャルワーク実践となることが期待される。

目　　次

はしがき
解　題

第Ⅰ部　保育ソーシャルワークの内容と実践

第1章　保育ソーシャルワーク実践の意義と方向性 …………… 3
　はじめに　(3)
　1　保育ソーシャルワーク実践の意義　(5)
　2　保育ソーシャルワーク実践の現状と方向性　(9)
　3　保育ソーシャルワークの実践と今後の課題　(12)
　おわりに　(14)

第2章　保護者に対する保育に関する指導 ……………………… 17
　はじめに　(17)
　1　保護者の子育てと子育て支援　(18)
　2　保護者に対する保育に関する指導の原理と実践　(22)
　3　保育ソーシャルワークから見た保護者に対する
　　保育の指導をめぐる課題　(27)
　おわりに　(30)

第3章　保育に関する相談・援助 ………………………………… 33
　はじめに　(33)
　1　保育に関する相談・援助の位置付け　(34)
　2　保育に関する相談・援助の基本理念　(39)
　3　保育に関する相談・援助の構造　(41)
　4　保育に関する相談・援助の事例　(45)
　おわりに　(47)

第4章　関係機関・関係者との連携 …………………………………… 51
　はじめに　(51)
　1　関係機関・関係者との連携の重要性　(52)
　2　主な関係機関における機能と役割　(56)
　3　子どもと保護者の育ちを支える連携　(62)
　おわりに　(65)

第5章　保育者に対するスーパービジョンと保育実践への支援 …… 67
　はじめに　(67)
　1　保育現場におけるスーパービジョン　(68)
　2　保育者に対するスーパービジョンの実際　(72)
　3　保育実践への支援　(76)
　4　まとめ　(79)
　おわりに　(80)

第Ⅱ部　保育ソーシャルワークの方法と実践

第6章　保育ソーシャルワークの展開過程 …………………………… 85
　はじめに　(85)
　1　ソーシャルワークと保育における支援の展開過程　(86)
　2　アセスメントにおける問題の構造的理解と支援課題　(91)
　3　保育ソーシャルワークの展開過程における支援の組み立て　(94)
　おわりに　(96)

第7章　保育ソーシャルワークにおける面接技法 …………………… 99
　はじめに　(99)
　1　面接技法としてのカウンセリングの成立と展開　(99)
　2　保育現場におけるカウンセリングの現状と問題点　(105)
　3　保育ソーシャルワークにおける面接技法の課題　(109)
　おわりに　(111)

第8章　保育ソーシャルワークにおける効果測定 ……………… 113

　はじめに　(113)
　1　効果測定の中のモニタリング　(114)
　2　保育ソーシャルワークとして測定すべき観点　(116)
　3　考　察　(124)
　おわりに　(125)

第9章　保育ソーシャルワーク実践研究Ⅰ ……………………… 129
　　　　　──ケースワークを中心に──

　はじめに　(129)
　1　ふたば保育園の子育て支援の原理と理論　(130)
　2　保育ソーシャルワーク実践とその検討　(133)
　3　保育ソーシャルワーク実践におけるケースワーク　(141)
　　　　　──その課題と展望──
　おわりに　(142)

第10章　保育ソーシャルワーク実践研究Ⅱ ……………………… 145
　　　　　──グループワークを中心に──

　はじめに　(145)
　1　グループワークの起源　(146)
　2　グループワークの理解と方法　(150)
　3　保育ソーシャルワークにおけるグループワーク活用の意義と課題　(157)
　おわりに　(161)

第11章　保育ソーシャルワーク実践研究Ⅲ ……………………… 165
　　　　　──コミュニティワークを中心に──

　はじめに　(165)
　1　地域における保育ソーシャルワークの位置付け　(165)
　2　コミュニティにおける保育に関する事例検討　(174)
　3　今後コミュニティで期待される保育ソーシャルワーク　(178)
　おわりに　(179)

第12章　エコシステム構想による保育ソーシャルワーク実践 …… 181
  は じ め に　（181）
  1　保育ソーシャルワークの機能とエコシステム　（182）
  2　保育ソーシャルワーク実践のシステム的構造化　（185）
  3　保育ソーシャルワークの実践概念化　（190）
  お わ り に　（196）

  索　　引　（199）

第Ⅰ部　保育ソーシャルワークの内容と実践

第1章
保育ソーシャルワーク実践の意義と方向性

はじめに

　日本における子育ての現状をみると、子どもが笑顔で育ち、親（以下「保護者」という）が楽しく子育てができる環境にあるとはいえない。その1つとして、香﨑は家庭における子育ての現状と問題点として「地域共同体の希薄化は家庭における子育てにも大きな影響を与えている。なかでも深刻なものとして育児の孤立化が挙げられよう」（香﨑、2015、16-17）と述べている。その他、多くの論者が現在の子育て環境に危機感を示していることはいうまでもない。そのような子育て環境の中で、子育て支援の中核を担うのは保育所、幼稚園、認定こども園など（以下「保育施設」という）である。

　保育施設が子育て支援を実際に行うには、保育や子育ての知識や技術だけでなく、相談、援助といったソーシャルワークの価値（原理）、知識と技術を有することは不可欠である。すなわち、経験や勘、あるいは人間性のみに依拠した子育て支援ではなく、保育とソーシャルワーク（以下、「保育ソーシャルワーク」という）の価値、そしてそれらの知識と技術という根拠に裏付けられた支援が必要となってくる[1]。

　また、「保育所保育指針[2]」（2017年3月31日告示、2018年4月1日施行）では、第4章に「子育て支援」が設けられ、1．保育所における子育て支援に関する基本的事項、2．保育所を利用している保護者に対する子育て支援、3．地域の保護者等に対する子育て支援、が示されている。内容をみると「(2)子育て支援に関して留意すべき事項　ア．保護者に対する子育て支援における地域の関係機関等との連携及び協働を図り、保育所全体の体制構築に努めること。イ．子どもの利益に反しない限りにおいて、保護者や子どものプライバシーを保護し、知り得た事柄の秘密を保持すること」など、ソーシャルワークの基礎となるような文言が示されている。つまり、保育所保育指針においても保育の専門性と

ソーシャルワークの専門性の融合によって、子育て支援を行うことの有効性が示されているといえる。このように、保育施設における子育て支援においては、保育ソーシャルワーク実践が求められているといえよう。

さらに、障害のある子ども（以下「障がい児」という）の保育、療育でも保育ソーシャルワーク実践が有効である。例えば、医療機関、療育機関、学校などとの連携、協働などソーシャルワーク機能を生かした支援が必要となってくる。中央教育審議会初等中等教育分科会「共生社会の形成に向けたインクルーシブ教育システム構築のための特別支援教育の推進（報告）」（2012年。以下「報告」という）では、「ソーシャルワーク（人々の生活を社会的な視点から捉え、その解決を支援すること）が非常に重要であるが、それを学校、教員だけで行うことは困難であり、地域の中で、ソーシャルワークの機能を確保していくことが重要である」と示している。このように、インクルーシブ保育・教育の実現を目指す上でも保育ソーシャルワーク実践は欠かすことができないと考える。

ただし、すべての支援を保育施設だけで担うことは難しい。上述の報告にあるように地域の社会資源を把握すること、かつ、支援が必要な保護者や子どもに必要な関係機関と連携、協働できるような仕組みを作ることも重要である。これらのことからも、子育て支援、子どもの保育（障がい児の支援も含む）など、現在の保育現場では、保育ソーシャルワーク実践の必要性が高まっているといっても過言ではない。

そこで、本章では、保育ソーシャルワーク実践の意義と方向性について総論的に論述したい。

まず、保育ソーシャルワーク実践の意義として「子どもの最善の利益」「保育施設における保育ソーシャルワーク実践の意義」「社会的養護関係施設における保育ソーシャルワーク実践の意義」について述べる。そして、保育ソーシャルワークの実践の現状と方向性について、筆者が所属する九州ルーテル学院大学付属黒髪乳児保育園（熊本県熊本市。以下「付属保育園」という）の実践を振り返りながら概観する。最後に保育ソーシャルワークの今後の課題について私見を交えて論究していきたい。

1 ｜ 保育ソーシャルワーク実践の意義

（1）保育ソーシャルワーク実践と「子どもの最善の利益」

　はじめに、おさえておきたいことは、保育ソーシャルワーク実践は「子どもの最善の利益」を目的とするということである。保護者や地域の子育て家庭を支援する、障がい児を支援する、というだけでなく、保護者を支える、子どもの育ちを支えるということである。つまり、何らかの理由で子育てに力を発揮できない、子育てが上手くできない保護者を支援することで、保護者が子育ての力を取り戻し、あるいは、学び（未学習の場合など）、主体的、能動的に子育てに取り組むことができることを目指すのである。同時に、子どもの育ちに際して適切な環境、保育、療育を提供すること、かつ、子どもの成長に保育ソーシャルワークの知識と技術を用いた支援を行い、子どもの発育・発達を支えることである。

　では、「子どもの最善の利益」について少し述べておきたい。「児童の権利に関する条約」[3]（1990年発効）で「子どもの最善の利益」が提唱された。その後、児童福祉法第1条で「全て児童は、児童の権利に関する条約の精神にのっとり、適切に養育されること、その生活を保障されること、愛され、保護されること、その心身の健やかな成長及び発達並びにその自立が図られることその他の福祉を等しく保障される権利を有する」[4]と示された。また、第2条では「全て国民は、児童が良好な環境において生まれ、かつ、社会のあらゆる分野において、児童の年齢及び発達の程度に応じて、その意見が尊重され、その最善の利益が優先して考慮され、心身ともに健やかに育成されるよう努めなければならない」と、子どもの意見が尊重されること、かつ、子どもの年齢・発達に応じた最善の利益への考慮が示されている。

　上述した「子どもの最善の利益」は重要であり、子どもの権利を守るうえからも大切な視点である。しかしながら、鯨岡は「『子どもの最善の利益』という文言は、さまざまな文章の冒頭に出てくるにもかかわらず、法改正による新しい施策がどのような意味で『子どもの最善の利益』につながるのかの説明はどこにもありません」（鯨岡、2015、1）と指摘している。このように、子どもの最善の利益のための方策については明確かつ具体的な方法論が示されているとは言い難い。

そこで、以下の保育ソーシャルワーク実践が「子どもの最善の利益」に寄与することについて一定の見解を示したい。

(2) 保育施設における保育ソーシャルワーク実践の意義

保育施設では、保育ソーシャルワークという用語が一般的に用いられる前から、「保護者に対する保育に関する指導」として一定の保護者への支援(指導が正しいか)が行われてきた。しかしながら、その支援の現状をみると、依拠する根拠、つまり、知識、技術のよりどころが乏しく、人間性や経験によって行われてきたといえるだろう[5]。それゆえに、保護者への支援については保育士、幼稚園教諭など(以下「保育者」という)それぞれの保育の専門性や人間性、経験に委ねられてきた。つまり、保護者への相談・支援については、ソーシャルワークの理念や価値、知識や技術とその専門性に裏付けられてきたとはいえない。

当然、保育者として、例えば、2003年に策定された全国保育士倫理綱領や保育所保育指針などに示された専門職としての価値や倫理そして、知識と技術を有していることはいうまでもない。

しかしながら、多様化する家族形態や価値観、社会環境の変化による子育て環境の悪化、子どもが育つ環境の変化などを勘案すると、保育、幼児教育だけの倫理、価値、そして知識と技術だけでは対応が困難な場面が多々みられるようになってきている。

子育て支援(保護者への支援)の例を挙げると、「子どもが可愛くない、いなくなればいいのに」などの言葉を発する保護者(この事例は母親)に保育者はどのように対応すればよいのか苦悩する。保育者は自分の発する言葉一言で子どもに不利益が被るのではないかと考えてしまう事例もある。このような場面で、一定のソーシャルワークの知識と技術を有していれば、まずは、その保護者を受容し、なぜそのような発言に至るのかを考え適切な対応ができるかもしれない。また、保育者が保護者支援を行う際には、誠実な態度で接することや、平等、人間尊重の原則を守ること、そして、ソーシャルスキルを駆使してかかわることなど、つまり、保護者への支援に際して保育ソーシャルワークの価値と倫理に裏付けられ、それらの知識と技術を用いてかかわることが有効であることはいうまでもあるまい。

この点については、「保育所保育指針解説書(厚生労働省雇用均等・児童家庭局保

育課2008年4月）」においても以下のように示されている。

　第6章「保護者に対する支援」（5）「相談・援助におけるソーシャルワークの機能」では「保育所においては、子育て等に関する相談や助言など、子育て支援のため、保育士や他の専門性を有する職員が相応にソーシャルワーク機能を果たすことも必要となります。その機能は、現状では主として保育士が担うこととなります。ただし、保育所や保育士はソーシャルワークを中心的に担う専門機関や専門職ではないことに留意し、ソーシャルワークの原理（態度）、知識、技術等への理解を深めた上で、援助を展開することが必要です」と解説されている。

　だが、「保育所や保育士はソーシャルワークを中心的に担う専門機関や専門職ではない」という文言にあるように、確かに、ソーシャルワークの専門職ではないが、保育界の現状をみた場合、それ相応の知識と技術、そして、ソーシャルワークの価値を認識した上での相談・支援が求められてきている。すなわち、保育施設、保育界にあっては、ソーシャルワークの専門性を有する保育者、あるいは、単なるソーシャルワークの保育への援用というのではなく、保育の専門性を有するソーシャルワーカーの育成（伊藤、2014、124）といった新たな専門職の養成・育成も課題になってきているのである。

（3）社会的養護関係施設における保育ソーシャルワーク実践の意義

　次に、社会的養護関連施設である、乳児院、児童養護施設、児童心理治療施設、児童自立支援施設、母子生活支援施設、自立援助ホームなどにおける保育ソーシャルワーク実践の意義について述べる。社会的養護関係施設では、保護者のない児童、被虐待児など家庭環境上養護を必要とする児童などに対して、公的な責任として、社会的に養護を行っている。なお、上記の児童養護施設や乳児院ではソーシャルワークの主体は児童指導員や家庭支援専門員（ファミリーソーシャルワーカー）である。しかしながら、最も多くの時間、子どもとかかわる職種である保育者は保育の専門性だけでなく、ソーシャルワークの価値を理解し、知識と技術を用いた生活支援を行うことが必要である。

　以下では、児童養護施設を中心に保育ソーシャルワークの必要性について述べる。例えば、児童養護施設では多くの生活場面において保育者が子どもの生活支援にあたる。この支援にあたる保育者にこそ保育ソーシャルワーク実践の必要性を感じている。厚生労働省（2016）「社会的養護の現状について（参考資

料)」(2016年1月)」では、社会的養護の充実のためのこれまでの取り組みとして、社会的養護の体制については、虐待を受けた子どもや発達障がい児の増加などを受けて、以下の取り組みが進められてきている。

・被虐待児や障がい児の増加に対応した、社会的養護の質・量の拡充
・より家庭的な養育環境を実現するための、施設の小規模化や里親委託の推進
・社会的養護の児童の自立支援策の推進等

木全和巳は「児童養護施設においては入所に至るまでの生活状況を省みれば、何よりも生活そのものの安定（衣食住の保障、安心と信頼の人間関係の保障、余暇（教養娯楽）の保障）に加え、傷ついた心の治療の保障、遅れた学力の保障、〈しょうがい〉に応じた生活支援の保障などが、求められる。『生活上の特別なニーズ』を満たすことが児童養護施設の役割である」と指摘している。（木全、2010、34）。このことからも、直接的に子どもとかかわる保育者には保育ソーシャルワークの知識と技術が求められることが理解できる。

また、「社会的養護関係施設における親子関係再構築支援ガイドライン」(2014)では、親子関係の再構築に向けての対応や課題が示されている。社会的養護関係施設における対応として、**表1-1**のように示されている。

表1-1の支援においても、保育ソーシャルワークの知識と技術が有効である。ガイドラインでは「親子の交流が途絶えている状況が続けば、家庭訪問や調査などのソーシャルワークによる支援の強化も必要となる。一見施設の生活に適応していたと思われる子どもが示す意欲のない投げやりな態度や、暴力、火遊び、非行行動などの背後に、親の面会が途絶えていたり、居所がわからなくて連絡が取れなくなっていたというエピソードが存在するということはよく

表1-1　社会的養護関係施設における支援の流れとソーシャルワーク機能

支援課題	ソーシャルワーク機能
① 入所前から入所時までの支援	情報収集やアセスメントなど
② 入所中の支援	自立支援計画の策定、家族への支援の実施、親支援におけるプログラムの活用など
③ 退所前の支援	支援効果のアセスメント、家庭復帰支援など
④ 退所時から退所後の支援	子どもへの支援、親への支援、親子に対しての支援、地域の支援機関との連携など

経験することである。子どもにとっては、なかなか口に出せないでいる家族をめぐる思いを丁寧に聞き取り、見捨てられ不安や悲しみや怒りなどの気持ちを受け止めながら、親の居所の調査や家庭訪問などで親を探し出すなど、親と子どもをつなぐ努力が必要である」と述べている。このように、社会的養護関係施設における親子再構築支援においても保育ソーシャルワーク実践は有効である。

2 保育ソーシャルワーク実践の現状と方向性

(1) 保育ソーシャルワーク実践の現状の理解

本節では、保育ソーシャルワーク実践の現状とその担い手について考察する。まず、筆者が所属する付属保育園での保育ソーシャルワーク実践の現状について概観する。付属保育園では、副園長、主任保育士だけでなく、ほぼすべての保育士が保護者支援にあたっている。しかしながら、当初、付属園の理念や方針の共通理解、保護者支援の在り方、保育ソーシャルワーク研修などの園内研修や外部研修による教育を受ける前は、保護者支援に対して明確なソーシャルワークの価値、知識と技術に裏付けられた保護者支援であったかというと疑問符が付く。筆者からみると保育の専門性に偏りがちであったり、感情に揺らいだりすることも、あるように思われた。つまり、保育、幼児教育の専門性からみた保護者のあるべき姿を要求するなど、保育の専門職としての思いが強く影響している。

例えば、「親だから○○してほしい。もっと子どものことをみてほしい」「お母さんは今日はお休みなのに何で○○ちゃんを保育園に預けるの、○○ちゃんは今とても不安定だから一緒にいればいいのに……」などの言葉も聞かれた。子どもの行動についても「よい行動」よりも「改善してほしい行動」に目が行くことも多く、「～しなさい、～してはダメ、どうして○○しないの……」など、この点は一般的に保育施設でみられる傾向ではないかと思われる。実際に保育者は現場では子どもの保育の専門職として保育・幼児教育の実践者となり、保護者に対しては子育て相談などに対応するソーシャルワークの専門職になることが本当にできるのか、との疑問の声も聞かれる。このように、保育施設では保護者支援、子育て支援の必要性は理解しながらも、あくまでも、子どもの保育、子どもへの視点、保育者としての専門性が優先される傾向があるのでは

ないかと考えている。

　しかしながら、研修・教育（園内・園外）を積み重ねるごとにソーシャルワークの価値、倫理、知識、技術が醸成され、理念（付属保育園の理念や子育て支援におけるソーシャルワークの価値や理念など）の共有もできるようになってきた。ある保育者からは「お母さんも辛いのですよね。誰も好きで朝早くから夕方遅くまで子どもを園に預けたくはないですよね。お母さんを支えるためにも、Ａちゃんが園にいるときは精一杯、愛情を注いで笑顔になってもらいましょう。それがお母さんの笑顔につながるのかも知れませんね」という声をかけていた。また、「保護者に寄り添い少しでも力になること、そして、もっと保護者が元気になれるようにお手伝い（支援）をしましょう。そこが、子どもの最善の利益につながります」というような言葉を耳にするようになり、この思いこそ保育ソーシャルワークの価値を理解した発言であると思った。つまり、子育て支援は保護者を指導・教育することではなく、保護者を支える、そのための支援はまずは、対象者を受容し共感すること、そして、その人のために何ができるかを考えことから始まるからである。保護者を肯定的に捉え、保護者と環境との相互作用によって支援していくこと、その価値を見いだすことは重要である。このように、研修・教育を重ねることで保育者の保育ソーシャルワーク実践力が向上し、保育施設における子育て支援、子どもの支援が充実していくと考える。

　次に保育ソーシャルワークの担い手であるが、上述したように保育者がその役を担うことが最も有効である。同時に、社会福祉士などソーシャルワーカーが保育の専門性を有することで保育ソーシャルワーク実践主体となることも有効である。筆者は社会福祉士の資格を有し、保育士養成校で教鞭を執る者として、付属保育園だけでなく、その他の保育園でも保育ソーシャルワーク実践に取り組んできた。そこでは、保護者支援、障がいのある子どもの支援だけでなく、保育者へのソーシャルワーク研修・教育、スーパービジョンなどを行ってきた。保育者と協働・連携することで問題解決に至ったケースも多く、また、保育者による保護者支援、障がい児支援に対してスーパーバイザーとして支援することで、バーンアウト寸前の状態から回復したケースもある。

　このように、保育ソーシャルワーク実践の担い手を保育者だけに限定するのではなく、ソーシャルワークと保育の専門性を有する多様な人材を発掘していくことも必要であろう。そのためには、保育ソーシャルワーク専門職の養成、

育成が求められる。

(2) 保育ソーシャルワーク実践の目指すべき方向性

保育ソーシャルワーク実践の目指すべき方向性について1つの先行研究から、その方向性を考察していきたい。

エコロジカル・パースペクティブ（生態学的視座）実践からみた保育所への支援として土田美世子の研究を紹介する。この研究で土田は、「保育所で示す子どもの課題について生活全体をエコロジカルに捉え、子ども、その権利擁護に欠かせない保護者、子どもと保護者との関係性、子どもと保護者の環境にそれぞれ働きかけ、そのことがコミュニティワークにまで広がっていくことを、フィールドワークにより確認した」（土田、2012、129-133）と述べている。すなわち、ケアワークとして保育技術を用いた子どもの支援と子どもと保護者の関係性への支援を行い、同時に、ソーシャルワークとして保護者への支援、専門機関との連携、コミュニティへの介入を行っている。注目すべきは、子どもと保護者の課題や問題に対して、保育ソーシャルワークの知識と技術を用いた支援が行われている。その支援のプロセスはインテーク → アセスメント → プランニング → 介入（支援の実際）→ モニタリング → 終結である。つまり、保育ソーシャルワーク（この場合はケースワーク）のプロセスに沿った支援が行われていることである。

また、土田はこの支援を通じて保育施設におけるエコロジカル・パースペクティブによる保育実践の成立要件として、以下の4つの点を指摘している。1つは、「実践の基盤となる価値観の共有」である。課題に際して判断が必要な場合は価値を実践の指針としていると述べている。2つは、「情報の共有」である。毎日の朝礼や会議などで子どもの保護者をはじめ家族・地域ネットワークなどから得られて情報を全職員が共有している。3つは、「個ではなく連携によって課題に取り組む姿勢」である。子どもの最善の利益の実現という価値観を再確認し、合意形成された支援方針を共有し役割分担したうえで、保育所全体、地域全体で多角的に協働し全体として支援を提供している。4つは、「適切なリーダーシップとリカレント教育」である。園長の人権意識やソーシャルワーク実践の必要性などに関する考え方は重要であるとした（土田、2012、133-134）。その上で、保育施設における教育によって、保育ソーシャルワーク実践は可能であると述べている（土田、2012、135-136）。

すなわち、筆者も所属する付属保育園にかかわるなかで、上述した土田の4つの指摘と同時に、子どもの権利、保護者の権利、そして、保育者の権利を守ること、その結果として、保育ソーシャルワーク実践が有効に働くことを筆者は身をもって感じている。人権意識や組織の風土が保育ソーシャルワーク実践にとって重要な意味を持つのである。

本節の最後に、保育ソーシャルワーク実践が目指す方向性について以下に3点示しておきたい。

① 専門性の確立：保育ソーシャルワーク実践における知識、技術、価値、倫理などの確立が必要
② 専門職の養成：保育ソーシャルワーク実践の専門職養成（以下で保育ソーシャルワーカーについては述べている）
③ 専門職と社会的地位の獲得：社会的に認められる専門職を目指す

なお、上記の①～③は、根拠に基づく保育ソーシャルワーク実践を目指す上で重要である。保育ソーシャルワーク実践の専門職として保育・幼児教育現場だけでなく、地域の子育て家庭への支援を視野にいれた地域社会の子育て環境にも積極的にかかわり、日本の子育てを支える保育ソーシャルワーク実践を目指していきたい。

3 保育ソーシャルワークの実践と今後の課題

(1) 保育ソーシャルワーク実践の今後の試み

現在、ソーシャルワークでは1つの視点として、「『根拠に基づくソーシャルワーク（evidence based social work：EBSW）』（または根拠に基づく実践、evidence based practice：EBP）が注目を集めており、その実践は科学的なソーシャルワークの一つのあり方であるとされる」（三島、2012、125）と指摘されている。

そこで、次に保育ソーシャルワーク実践における理論のよりどころとして提起したいのは、鶴宏史の保育ソーシャルワークの依拠する理論を示したい。鶴は信頼関係構築のための姿勢・技術として「バイスティックの7つの原則」の有効性を示し、その他、「問題解決志向アプローチ（人と環境との相互作用に着目した生態学的視点が前提）」、「行動変容アプローチ（応用行動分析）」を提示している（鶴、2009、73-81）。これは、保育ソーシャルワークの理論を考える上で有効

な指摘である。

　さらに、もう1点示したいのはストレングス視点とその理論的基盤を目指すことである。その理由として、1つに子育て支援を考えても、保護者の欠点や弱さを強化することも大切であるが、それ以上に、その人が持つ強さ、成功体験、生活経験のストレングスに焦点化することが重要であると考えるからである。結果として、保護者が自身の可能性に気付き、エンパワメントを促進することがきるのである。

　2つに、子育て支援だけでなく、例えば、障がい児の保育においてもストレングス視点に着目することで、子どものできること、良い面に着目でき、やる気や意欲を引き出すことができると考えている。子どもの持つ能力や可能性を信じ、子どもと保育者の相互作用によって子どもの育ちを支えることができると考えている。

　保育ソーシャルワーク実践では、対象者である保護者や子どもを肯定的に捉え、彼らの持つ力（強み）を引き出しエンパワメントするための支援が重要な意味を持つ。つまり、指導、強制ではなく、対象者の思いや強みをどのように理解し、支援につなげるかを考える必要がある。今後は、それぞれの保育施設に親和性のある理論（アプローチ法）や視点によって保育ソーシャルワーク実践が行われることが望まれる。

（2）保育ソーシャルワーク実践の課題

　現在でも、一部の保育施設では、根拠に基づく保育ソーシャルワーク実践が行われている。しかしながら、まだ多くの保育施設では、経験や勘、といったものが支援の根拠となっていることも否めない。結果として、子育て支援の担当が園長や主任保育士、主幹保育教諭など、ベテランで経験年数が長い保育者が担当することが多い。経験は、大切なことでもあるが、今後は、ソーシャルワークの専門性を身に付けた保育者や保育の専門性を有する社会福祉士などの専門職が支援に当たることが必要となってくるだろう。

　そこで、日本保育ソーシャルワーク学会では、保育ソーシャルワークの専門職として「保育ソーシャルワーカー」の養成研修を行っている。以下では、多少長くなるが、日本保育ソーシャルワーク学会のホームページから引用（保育ソーシャルワーク学会、2017）する。日本保育ソーシャルワーク学会では、「保育ソーシャルワーカー」を「保育ソーシャルワークに関する専門的知識及び技術

をもって、特別な配慮を必要とする子どもと保護者に対する支援をつかさどる者」と定義付け、保育所・幼稚園・認定こども園等保育施設及びその類似施設において、あるいは地域の子育て支援事業・活動において保育ソーシャルワーク実践・支援の中心的かつ専門的な役割を担う人材、専門職として位置付けている。

そして、学会資格認定委員会による審査を通して、一定の要件を満たした者に対し、学会として、「保育ソーシャルワーカー」を認定、登録している（以下、「学会認定資格」という）。学会認定資格である「保育ソーシャルワーカー」には、下記に示すように、3つの等級がある。

① 初級保育ソーシャルワーカー（初級レベル）：保育ソーシャルワークに関する基本的な専門的知識・技術を有する保育ソーシャルワーカー
② 中級保育ソーシャルワーカー（中級レベル）：保育ソーシャルワークに関する高度な専門的知識・技術を有する保育ソーシャルワーカー
③ 上級保育ソーシャルワーカー（上級レベル）：保育ソーシャルワークに関する高度な専門的知識・技術を有する保育ソーシャルワーカー。さらに、初級保育ソーシャルワーカー及び中級ソーシャルワーカーに対するスーパービジョンを担うことができる者

このように、保育ソーシャルワーク実践の専門性を高めるための研修および資格認定の試みも行われている。つまり、根拠に基づく保育ソーシャルワーク実践の重要性が示されているといえるのではないだろうか。

おわりに

これまで、保育ソーシャルワーク実践の意義と方向性について論じてきた。保育ソーシャルワーク実践によって、子どもの最善の利益が保障され、子どもたちが健やかに育つ社会を目指す、と同時に、保護者が子育ての悩みや不安を感じたときに適切な支援が受けられるような仕組みを作っていくことが重要である。

保育ソーシャルワーク実践で留意したいことについて以下3点を示す。

① 子どもや保護者を肯定的に捉えストレングス視点に依拠した保育ソー

シャルワーク実践：ポジティブなイメージの醸成、エンパワメント
② 地域における子育て環境を視野に入れた保育ソーシャルワーク実践：人や環境との相互作用、地域の子育て家庭を含めた支援
③ 保育ソーシャルワーク実践の主体である保育者、保育の専門性を有するソーシャルワーカーへのスーパービジョン[7]の導入：保育ソーシャルワーク実践にかかわる専門職を支援するシステム

　上述した3つの点については、保育ソーシャルワーク実践で留意することが必要である。ただし、そのためには保育ソーシャルワーク実践に当たる支援者である保育者が安定した環境にあることも重要である。安定とは、経済的、精神的、社会的にという意味であり、保育者の処遇改善、ストレスケア、社会的な地位の向上を含めた保育者支援も同時に必要になってくるだろう。なぜなら、子どもの保育だけでなく、子育て支援、地域の子育て家庭への支援（関与）など、保育者には予想以上の負担がかかってきている。保育者が元気で高いモチベーションを維持しながら仕事に従事することができる環境を整えることも重要な視点である。

　抽象的ではあるが、保育者自身が保育施設（管理者・園長など）・同僚（上司）・保護者・地域社会などから大切に（援助・支援）される（大切にされていると感じる）ことによって、保育ソーシャルワーク実践はより良いものになっていくのであろう。すなわち、保育者が子どもや保護者に寄り添い、大切にする、そして1人1人の権利を擁護することを原理・原則として、保育ソーシャルワーク実践が行われるためには、保育者1人1人の権利が保障され守られる（支援される）ことが重要である。このことを忘れてはなるまい。

注
1）2003年8月、厚生労働省　次世代育成支援施策の在り方に関する研究会「社会連帯による次世代育成支援に向けて」では子育て支援として「一定のソーシャルワーク機能を発揮していくことが必要である」と示している。
2）保育所保育指針だけでなく、幼保連携型認定こども園教育・保育要領（内閣府・文部科学省・厚生労働省　2017年3月31日告示/2018年4月1日施行）も改訂され、第4章に「子育て支援」が新たに明記されている。なお、幼稚園教育要領（文部科学省　2017年3月31日告示/2018年4月1日施行）も改訂されている。
3）1989年の第44回国連総会において採択され、1990年に発効。日本は1994年に批准している。

4）2017年4月児童福祉法の一部が改正されている。
5）付属園副園長、主任、保育士へのインタビューにおいても同様の意見が聴かれた。また、他保育施設保育者に聞き取りをした場合も同様である。つまり、体系的なソーシャルワーク（相談・支援など）教育を受けている訳ではなく、現場での保護者との関わりから経験則として保護者支援を行ってきたといえる。ただし、すべての保育者に当てはまるとはいえないことは付記しておく。
6）保育ソーシャルワーカーの担い手については、永野典詞（2011）「第12章　保育ソーシャルワーカーの可能性」伊藤良高・永野典詞・中谷彪編『保育ソーシャルワークのフロンティア』（晃洋書房）に詳細が示されているので参照されたい。
7）保育ソーシャルワーク実践におけるスーパービジョンの導入や、その重要性などについては、若宮邦彦（2011）「第11章　保育スーパービジョンの理論と実践」伊藤良高・永野典詞・中谷彪編前掲書に詳細が示されているので参照されたい。

引用・参考文献

伊藤良高他（2014）「第12章　保育ソーシャルワーカー養成の構想と課題」日本保育ソーシャルワーク学会編『保育ソーシャルワークの世界——理論と実践——』晃洋書房。
鯨岡峻（2015）『保育の場で子どもの心をどのように育むのか——「接面」での心の動きをエピソードに綴る——』ミネルヴァ書房。
厚生労働省（2016）「社会的養護の現状について（参考資料）」。
厚生労働省雇用均等・児童家庭局（2008）「保育所保育指針解説書　平成20年4月」。
香﨑智郁代（2015）「第3章　家庭における子育てと子ども家庭福祉」伊藤良高・永野典詞・三好明夫・下坂剛編『新版　子ども家庭福祉のフロンティア』晃洋書房。
木全和巳（2010）『児童福祉施設で生活する〈しょうがい〉のある子どもたちと〈性〉教育支援実践の課題』福村出版。
三島亜紀子（2012）「日本のソーシャルワークにおけるポストモダニズムとモダニズム」一般社団法人日本社会福祉学会編『対論　社会福祉学4　ソーシャルワークの思想』中央法規出版。
親子関係再構築支援ワーキンググループ（2014）「社会的養護関係施設における親子関係再構築支援ガイドライン　平成26年3月」（http://www.mhlw.go.jp/seisakunitsuite/bunya/kodomo/kodomo_kosodate/syakaiteki_yougo/dl/working9.pdf、2017年10月19日最終確認）。
中央教育審議会初等中等教育分科会（2012）「共生社会の形成に向けたインクルーシブ教育システム構築のための特別支援教育の推進（報告）平成24年7月23日」。
鶴宏史（2009）『保育ソーシャルワーク論——社会福祉専門職としてのアイデンティティ——』あいり出版。
土田美世子（2012）『保育ソーシャルワーク支援論』明石書店。
日本保育ソーシャルワーク学会ホームページ（https://jarccre.jimdo.com、2017年10月19日最終確認）。

第2章
保護者に対する保育に関する指導

はじめに

　近年、就労形態の多様化や地域社会の変貌など保護者の子育てを取り巻く環境の変化に伴い、保護者の子育てに対する支援（以下「子育て支援」という）の必要性と重要性が提起され、保育所等保育施設や地域子育て支援センターなどにおいて各種の取り組みが展開されている。こうした動きのなかで、2001年11月の児童福祉法一部改正法（以下「2001年改正法」という）により保育士資格が法定化され、保育士の業務として、「専門的知識及び技術をもつて、児童の保育及び児童の保護者に対する保育に関する指導を行うこと」（第18条の4）と規定された。また、併せて、一層地域における子育て支援の役割が重視されている保育所に勤務する保育士は、「乳児、幼児等の保育に関する相談に応じ、及び助言を行うために必要な知識及び技能の修得、維持及び向上に努めなければならない」（第48条の4第2項）と定められた。

　本章は、保育ソーシャルワークの視点から、保育士の業務として明記された「保護者に対する保育に関する指導」の原理と実際について考察しようとするものである。ここでの構成は、以下のようになる。まず、近年における保護者の子育てと子育て支援をめぐる状況について概観する。次に、保護者に対する保育に関する指導の原理と実践について、筆者が経営する桜山保育園（熊本県荒尾市）における実践事例を素材にしたものをもとに検討する。そして、最後に、保育ソーシャルワークから見た保護者に対する保育に関する指導をめぐる課題について論究しておきたい。

1 保護者の子育てと子育て支援

（1）保護者の子育てをめぐる状況

　日本において、子育て支援が大きな社会問題となったのは、少子化対策が国の重要な政策課題として意識され始めた1990年代以降のことであるといってよい。すなわち、その直接的な契機となった文部・厚生・労働・建設の4大臣合意による「今後の子育て支援のための施策の基本的方向について」（1994年12月。通称：エンゼルプラン）は、少子化の背景となる要因として、①女性の職場進出と子育てと仕事の両立の難しさ、②育児の心理的、肉体的負担、③住宅事情と出生動向、④教育費等の子育てコストの増大の4つを掲げ、「子育てをめぐる環境が厳しさを増しつつある中で、少子化傾向が今後とも続き、子ども自身に与える影響や将来の少子化による社会経済への影響が一層深刻化し、現実のものとなることを看過できない状況にある」と指摘した。そして、「21世紀の少子・高齢社会を目前に控えた現時点において、子育て支援を企業や地域社会を含め社会全体として取り組むべき課題」と位置付けた。これ以降、子育て支援が国家的、社会的なスローガンとなり、大蔵・文部・厚生・労働・建設・自治の6大臣合意による「重点的に推進すべき少子化対策の具体的実施計画について」（1999年12月。通称：新エンゼルプラン）や少子化社会対策会議決定「少子化社会対策大綱に基づく重点施策の具体的実施計画について」（2004年12月。通称：新新エンゼルプランまたは子ども・子育て応援プラン）など、国・地方公共団体による子育て支援のための計画・施策の策定や各種の取り組みが展開されていくことになった。

　新新エンゼルプランが策定された翌2005年1月、文部科学省・中央教育審議会「子どもを取り巻く環境の変化を踏まえた今後の幼児教育の在り方について」は、「子どもの育ちをめぐる環境の変化」として、「地域社会の教育力の低下」を掲げ、「人間関係の希薄化等により、地域社会の大人が地域の子どもの育ちに関心を払わず、積極的にかかわろうとしない、または、かかわりたくてもかかわり方を知らないという傾向が見られる」などと指摘した。また、「親の子育て環境などの変化」について、「家庭の教育力の低下」を指摘し、「核家族化の進行や地域における地縁的つながりの希薄化などを背景に、本来、我が子を自らの手で育てたいと思っているにもかかわらず、子どもにどのようにか

かわっていけばよいか分からず悩み、孤立感を募らせ、情緒が不安定になっている親も増えている。こうした状況の中、児童相談所における虐待に関する相談処理件数も増加している」などと述べた。そして、これまで以上に家庭における教育力、地域における教育力の現状に心を砕き、子育て支援をはじめ、その再生・向上のための取り組みを講じていくことの大切さを提起した。

さらに、2010年代に入った同年1月、閣議決定「子ども・子育てビジョン──子どもの笑顔があふれる社会のために──」は、子どもと子育てを応援する社会の実現に向けて、① 子どもの育ちを支え、若者が安心して成長できる社会へ、② 妊娠、出産、子育ての希望が実現できる社会へ、③ 多様なネットワークで子育て力のある地域社会へ、④ 男性も女性も仕事と生活が調和する社会へ（ワーク・ライフ・バランスの実現）のめざすべき社会への政策4本柱と12の主要施策を掲げた。同ビジョンは、従前から様々な計画の策定や対策が講じられてきたものの、「それが目に見える成果として、生活の中では実感できない現状にあるのではないか」と疑問を呈し、「少子化対策」から「子ども・子育て支援」へ転換して、当事者の目線から子ども・若者の育ちや子育て支援をしていくことが必要であると提言した。また、ほぼ同時期に公表された文部科学省・家庭教育支援の推進に関する検討委員会「つながりが創る豊かな家庭教育──親子が元気になる家庭教育支援を目指して──」（2012年3月）は、家庭教育をめぐる現状について、日本社会が成熟社会や人口減少社会という新しい時代への対応に直面している状況のもと、「核家族化による親が身近な人から子育てを学ぶ機会の減少や、都市化による地域とのつながりの変化など、家庭教育を支える環境が大きく変化」しており、子育て家庭の社会的孤立など「家庭教育が困難になっている社会」となっていると指摘した。そして、「つながり」をキーワードに、① 親の育ちを応援する学びの機会の充実、② 親子と地域のつながりがつくる取り組みの推進、③ 支援のネットワークをつくる体制づくり、④ 子どもから大人までの生活習慣づくりの4つの方策を提案した。最近のもので見れば、2017年6月に出された厚生労働省『平成29年版子供・若者白書』は、「少子化や核家族化の進行、地域のつながりの希薄化など、社会環境が変化する中で、身近な地域に相談できる相手がいないなど、子育てが孤立化することにより、その負担感が増大している。とりわけ、3歳未満児の子供を持つ女性の約8割は家庭で育児をしており、社会からの孤立感や疎外感を持つ者も少なくない」などと述べ、子どもと子育てを応援する社会の実現に向

けた取り組みの必要性について明記している。

　このように、国の各種文書において、そのときどきの社会動向や政策課題などによってニュアンスの違いはあるものの、この約30年間一貫して、家庭環境の多様化や地域社会の変化などを背景とする「家庭の教育力の低下[1]」のなかで、子どもの育ちに関する様々な問題や子育てが困難になっている状況が指摘され続けていることが読みとれる。そして、それぞれの家庭や保護者の状況に即しながら、子どもの将来がその生まれ育った環境によって左右されることがないよう、とりわけ、課題を抱える家庭への支援を充実し、子育てに希望があり安心がある社会を構築していくことの大切さが唱えられている。

（2）子育て支援と保育所等保育施設

　保育所等保育施設に対し、「子育て支援」との関わりが求められるようになったのはいつ頃のことであろうか。上記少子化対策との関係でいえば、1994年12月策定のエンゼルプランにおいて、子育て支援のための重点施策の1つとして、「多様な保育サービスの充実」が謳われ、①保育システムの多様化・弾力化の促進、②低年齢児保育、延長保育、一時的保育事業の拡充、③保育所の多機能化のための整備、④放課後児童対策の充実が示されたことが大きな要因となったといえるであろう。なかでも、③のなかで、「保育所が、地域子育て支援の中心的な役割を果たし、乳児保育、相談指導、子育てサークル支援等の多様なニーズに対応できるよう施設・設備の整備を図る」と記されたことが画期となった。同年12月に策定された「当面の緊急保育対策等を推進するための基本的考え方」では、①低年齢児（0～2歳児）保育、延長保育、一時的保育の拡充等ニーズの高い保育サービスの整備を図るとともに、保育所制度の改善・見直しを含めた保育システムの多様化・弾力化を進める、②保育所が乳児保育、相談指導等多様なニーズに対応できるよう施設・整備を図る、③低年齢児の受入の促進及び開所時間延長のため保育所の人的な充実を図るとともに乳児や第3子以上の多子世帯等の保育料の軽減を図る、④核家族化の進行に伴い、育児の孤立感や不安感を招くことにならないよう地域子育てネットワークづくりを推進するという4事業が提示され、地域子育て支援センターの整備など子育て支援のための基盤整備が進められた。

　別の機会に論述したように（伊藤（良）、2013）、こうした子育て支援の取り組みは、何も国において少子化対策が意識され始めた1990年代になってようやく

始められたものではない。保育施設、なかでも保育所にあっては、「保育施設は地域の子育て支援センターであり、子どもたちに健康と遊びと文化を保障し、親の就労を扶けると同時に、子育ての相談に応じたり、親同士が親睦を深めたり、保育者も親から学びながら、共に連携して、子どもたちのすこやかな成長を保障しようという場であった」(宍戸、1994、253)、「特に、セツルメント保育所においては保育所の利用者と提供者という関係に留まらず、社会改良を共に目指す同士として、保育者と保護者が水平の関係のもと互いに支え合っていたのである」(土田、2012、40) などと指摘されているように、戦前期から「子どもと保護者の幸福の実現に向けて様々な矛盾や困難のなか、また不十分でありながらも、トータルな子ども・子育て支援にあたってきたという歴史的事実がある」(伊藤(良)、2013、97) のである。保育制度・保育経営のキーワードとして筆者が重視する「保育自治」概念も、歴史的に営々と、かつ先駆的・先取的に取り組まれてきた日本の保育実践、子育て支援活動の特質を表現しようとするものに他ならない (伊藤(良)、2011a)。エンゼルプランに引き続く一連の少子化対策のなかで、保育所等保育施設にあっては、子どもと保護者のトータルな幸福の実現をめざし、自主的、主体的に、そして、それは不十分な予算・経費のため献身的に(私立にあっては、ときに私財を投げ打って)であるが、地域子育て支援センター事業 (1995年度〜) など、各種の子育て支援事業に精力的に取り組んでいった。

　2000年代に入って、子育て支援を中心とする次世代育成支援対策の在り方について検討した厚生労働省「社会連帯による次世代育成支援に向けて」(2003年8月) は、その基本的な考え方の1つに「専門性の確保」を掲げ、「保育所等が地域子育て支援センターとして、広く地域の子育て家庭の相談に応じるとともに、虐待などに至る前の予防対応を行うなど、一定のソーシャルワーク機能を発揮していくことが必要である。このため、一定の実務経験を積んだ保育士等をこうした役割を担うスタッフとして養成する等取組を進めていくことが必要である」と提案した。ここでは、児童虐待等の予防対応をメインに、地域における子育て拠点として、保育所・保育士を中心とする保育施設・保育者がソーシャルワーク支援を必要としている家庭の子育て支援に積極的に対応していくことの重要性が唱えられているが、2000年前後から、保育施設におけるソーシャルワーク機能の発揮や保育者のソーシャルワーク能力の形成が課題として指摘されるようになった (伊藤(良)、2011b、10-11)。こうした動きのなか

で、2008年3月に改定された厚生労働省「保育所保育指針」は、児童福祉法第18条の4を踏まえ、保育所における保護者への支援について、独立した章（第6章「保護者に対する支援」）を設け、保育所に入所する子どもの保護者に対する支援及び地域における子育て支援について叙述した。また、幼稚園においても、教育基本法全部改正（2006年12月）を受けた2007年6月の学校教育法一部改正によって、幼児期の教育について、「保護者及び地域住民その他の関係者からの相談に応じ、必要な情報の提供及び助言を行うなど、家庭及び地域における幼児期の教育の支援に努める」（第24条）ことが求められた。そして、文部科学省「幼稚園教育要領」（2008年3月）において、幼稚園教諭等にあってもソーシャルワークの知識及び技術に精通することで、子どものより良い育ちを実現するような子育て支援が課題とされた（同、20）。さらに、2012年6月に改正された「就学前の子どもに関する教育、保育等の総合的な提供の推進に関する法律」第10条第1項に基づいて策定された内閣府・文部科学省・厚生労働省「幼保連携型認定こども園教育・保育要領」（2014年4月）においても、子育て支援の大切さが指摘された。また、2017年3月に改定（訂）された厚生労働省「保育所保育指針」（以下「2017年版保育指針」という）、文部科学省「幼稚園教育要領」及び内閣府・文部科学省・厚生労働省「幼保連携型認定こども園教育・保育要領」も基本的には、こうした流れを引き継ぐものとなっている。上記のように、保育所等保育施設における子育て支援との関わりにおいて、保護者に対する保育に関する指導の在り方、在り様が広く問われるようになったのである。

2　保護者に対する保育に関する指導の原理と実践

（1）「保育指導」の原理と内容

では、保育士の業務として規定された「保護者に対する保育に関する指導」（以下「保育指導」という）は、いかなる原理と内容をもつものとして捉えることができるのであろうか。

この点について、まず、2001年改正法の趣旨・内容等について記した厚生労働省通知「児童福祉法の一部を改正する法律等の公布について」（2001年11月30日　雇児発第761号）は、保育士資格の法定化について、地域の子育て支援の中核を担う専門職として保育士の重要性が高まっていること等を背景として、「都市化、核家族化の進展に伴い、子育ての基盤となる家庭の機能が低下して

いる中で児童の健全な成長を図るためには、児童福祉施設のみならず家庭でも適切な保育が行われる必要があることから、保護者に対して保育に関する指導を行うことが新たに保育士の業務に位置付けられた」と説明している。また、2017年版保育指針の解説書として発行された厚生労働省「保育所保育指針解説」(2018年2月。以下「2018年版保育指針解説」という)は、「保育所における保護者に対する子育て支援は、子どもの最善の利益を念頭に置きながら、保育と密接に関連して展開されるところに特徴があることを理解して行う必要がある」と述べ、保育指導の意味について、「子どもの保育に関する専門性を有する保育士が、各家庭において安定した親子関係が築かれ、保護者の養育力の向上につながることを目指して、保育の専門的知識・技術を背景としながら行うもの」であり、「保護者が支援を求めている子育ての問題や課題に対して、保護者の気持ちを受け止めつつ行われる、子育てに関する相談、助言、行動見本の提示その他の援助業務の総体を指す」と説明している。これらにおいては、保育指導が、子どもの健やかな成長をめざすために保育士の業務として明記されたことや保育士の重要な専門性の1つであり、保育と一体化したものであるということ、また、その内容は、各家庭における安定した親子関係や保護者の養育力の向上をめざして行う子育てに関する相談、助言、行動見本の提示その他の援助業務の総体であることが提示されている。[2]

　保育指導論の先駆け的研究者の1人である柏女霊峰は、保育指導の概念について、「子どもの保育の専門職である保育士が、保育に関する専門的知識・技術を背景としながら行う子どもの保育のあり方に関する相談・指導・助言」(柏女、2003、129-130)と定義付け、「家庭や保育所における子どもの保育をより良くするための援助であり、保育の一環として保育指導という業務が行われる」(同、129)、「実際の場面では、ソーシャルワークやカウンセリングの基本原理に沿いつつ、その人の感情に共感しながら、あるいは見本を示しつつアドバイスや支持、承認、情報提供などを行う」(同、120)と述べている。また、その類型として、①保育所に日々通う子どもの保護者に対する保育指導、②日頃、保育所に通っていない子どもとその保護者に対する保育指導、の2つの側面があると説明している。保育士の業務に保育指導が付加されたことで、「保育士がソーシャルワーカーの一翼を担うようになったと考えるのは早計」(同、129)と指摘しつつも、「保育士は、子どもと保護者に対する福祉的援助を行う専門職として明確に規定されたことになる」(同、132)と捉えている点が

注目されるといえよう。さらに、柏女霊峰・橋本真紀らは、保育士の専門性を生かした保護者支援業務である保育相談支援（保育指導）業務の構造化と体系化に精力的に努め、「保育所保育士は、保育技術を基盤として、そのうえに保育相談支援の技術を組み合わせて保護者支援業務を展開している」（柏女・橋本、2008、272）ことを明らかにし、保護者支援に用いられる保育相談支援技術を26項目抽出し類型化を試みている。また、保育士から収集したエピソード事例を再構成し、保育技術と保育相談支援技術の組み合わせ図解やその事例の解説、紹介に尽力している（柏女・橋本・西村、2010）。

　上記の研究成果を踏まえ、吉田祐一郎は、保育指導について、「保護者が子どもや子育てに喜びや自信を持って臨むことができるように、保育者がその保護者が抱える子育てについての問題を受け止めながら、保護者とともにさまざまな子育ての過程を乗り越えていく支援をしていくこと」（吉田、2017、166）と規定し、「保育者が保護者の子育ての良きパートナーとして、行き詰まりや不安を感じる保護者に対して、その気持ちを受け止めつつ、共に子育てについて考えるという姿勢で相談に乗り、具体的なアドバイスを交えながら保護者が子育ての楽しみを味わうことができるように支えていくこと」（同）が大切であると述べている。そして、そのためには、保育におけるソーシャルワーク（保育ソーシャルワーク）の支援であることが不可欠であると指摘している（同、168）。こうした保育指導は、まさに、「専門機関のような特定の場で特化された相談を受けるのとは異なり、多彩な場で多様な対応が求められることがその特徴である」（小口、2017、135）といえよう。その実践の場とは、2018年版保育指針解説も記しているように、連絡帳、保護者へのお便り、送迎時の対話、保育参観や保育への参加、親子遠足や運動会などの行事、入園前の見学、個人面談、家庭訪問、保護者会など、種々挙げることができる。保育指導は、いわば「あらゆる機会に、あらゆる場所において」（教育基本法第3条）実践することが可能であるし、また、保護者の要望、ニーズやその抱えて／させられている問題の状況などに応じて、適切に取り組むことができなければならないのである。

（2）保育施設における「保育指導」の実際
　　　　――桜山保育園における実践事例を素材にしたものをもとに――

　桜山保育園は、1973年4月、地元に保育園ができてほしいという保護者・地域住民の強い声に応えて誕生した私立保育園である。開園当初から、保護者、

地域住民、保育行政職員らと心を重ね、「ともに歩み、ともに創る保育園」をめざしてきた（月岡、2008）。地域におけるすべての子どもと保護者の幸福の実現に向けて、近年では、「地域のオアシス（子と親の幸せの支え手）を目指した保育園」を基本理念に掲げ、通常保育とともに、2か所の子育て支援センターとファミリー・サポート・センターを併設したり、希望する家庭に対し朝食サービスに取り組むなどしている（伊藤（良）・伊藤（美）、2017）。以下では、保育施設における「保育指導」の実際について、本園における実践事例を素材にしたものをもとに、考察してみたい。

① 事例1：子どもに対する不適切な関わり方が見られる保護者への支援

> A児（0歳児）は、毎朝、紙オムツにたくさんのおしっこを溜め、ときには、便がついた状態で登園していた。服や体は汚れ、匂いがすることも、かばんに着替えが入っていないこともしばしばあった。保護者にその旨を伝えても、「はい、わかりました。お風呂もちゃんと入れています」と答えるばかり。働きながら1人でA児を育てており、生活に余裕がない様子が窺えた。そこで、子どもへの関わり方をわかりやすく丁寧に伝えながら、園でできる限りの支援をしていこうということになった。
>
> まずは、登園したA児の沐浴をすることが、毎朝の日課になった。着替えも、園で用意した。そして、親子の安定した愛着関係ができるまで、A児と保育士の愛着関係をしっかりと築くために、1対1の関わりを重視し、食事・排泄・睡眠・衣服の着脱・清潔等基本的生活習慣の部分は、担当保育士がケアするようにした。前日によく寝ていないときは午前中の睡眠を園で確保したり、食事が十分にとれていないときは少し多めに食べさせたりしながら、家庭での不規則なリズムを園生活で補うようにした。
>
> すると、随分と落ち着き、午前中の活動も意欲的になっていった。また、保護者に対する育児の指導については、保護者との接触を十分に行い、保護者自身が意識して関わることができるよう、長い目での支援を心がけた。

事例1は、保護者の養育に子どもへの不適切な関わりが見られ、それによって、子どもの健やかな心身の発育・成長に問題が生じているケースである。一見してネグレクトではないかと思われるが、保護者の子どもに対する愛情

は十二分にあった。しかし、育児についての知識があまりにもなかったことから、育児の方法に対し疑問や不安を感じることがなかったのである。また、この保護者自身がその成育の過程で、親との愛着関係が十分に築かれていないようであった。子どもに対する不適切な関わり方は、世代間連鎖がもたらすものであるかもしれなかった。この連鎖を断ち切るため、保育園では、丁寧に育児の方法や子どもへの関わり方を伝えていくことを重視した。そして、保護者が子育てをするなかで、その楽しさや、大変だけれども喜びがあるということを実感としてわかってくれるまで、気長に対応していくことに努めた。

本事例は、「子どもの最善の利益」（児童（子ども）の権利に関する条約第3条）を考慮しつつ、保護者の養育力をいかに支えていくかという問題であり、保育園における保育や保育指導が重要な役割を担うものであるといえよう（伊藤（美）、2011）。

② 事例2： 朝食がとれなかったときに安心して利用できる朝食サービス

> B児（3歳児）は、ここ2～3か月、朝から何となく元気がなく、午前中の保育園での活動の際に、ボーっとしていることが多かった。その原因は、朝食を食べていないことにあった。その旨を保護者に尋ねると、「私の体調が悪く、どうしても朝ご飯を作ることができないから、仕方がないんです」という返事であった。「朝ご飯はとても大事ですから、子どもに朝食を作ってあげてください」といっても、作れないため、どうしようもなかったのである。
>
> そこで、朝から保育園で作る離乳食を味噌汁に変身させ、それにご飯を加えて、B児に朝食として食べさせることにした。すると、B児は、少しずつ朝の活動にも元気に参加できるようになった。保護者は、「気にはなっていたが、仕方がないとあきらめていた。でも、保育園で朝食まで出していただけて、とても安心です」と話された。さらに、他の保護者に対しても、「朝食は大事ですよ」という啓発にもなり、「朝食の際に使ってください」といって、ノリや大根を寄付してくださる保護者もおられた。

事例2は、保護者の体調不良のため、子どもに朝食をとらせることができず、それによって、子どもの保育園での活動に支障が生じているケースである。

保育園では、子どもの心身の健康の増進と豊かな人間形成における「食」の重要性を強く意識するがゆえに、どうしても朝食をとれなかったときに安心して利用できるサービスとして、朝食サービスを実施している。

本事例では、B児の保護者に、「朝食は子どもの心と体の健康にとって大事ですから、必ず作って食べさせてください」と正論を説いても、保護者の心には響かず、現実的にも、家庭で朝食を食べさせることは困難である。B児の「最善の利益」の保障という観点から、朝食を食べさせることが一番求められることではないかと考え、ご飯と味噌汁の朝食を提供した。

保育園において、どこまで子どもと保護者の支援をすべきかは、永遠の課題であるといえるだろう。しかし、1人1人が抱えている見えない問題や課題があり、それは、それぞれ異なるため、1人1人のニーズに応じた最善の関わり方を常に考えていくことが大切である（伊藤（美）、2014）。

子どもが一番幸せであるためには、その背後にある家庭をまるごと含めた支援が必要である。それが他の家庭の安心感へとつながり、保育園に対する信頼感へとつながっていく。どこまでが必要な支援かを考える前に、いま保育園ができる最大級の支援をしていくことこそが求められているのではないだろうか。

3 ｜ 保育ソーシャルワークから見た保護者に対する保育の指導をめぐる課題

（1）保育ソーシャルワークと「保育指導」

では、保育ソーシャルワークの視点から、保育指導の原理と実際を捉えてみると、どのようになるであろうか。

ここでいう「保育ソーシャルワーク」とは、「保育とソーシャルワークの学際的・統合的な概念として位置づけられ、子どもと保護者の幸福のトータルな保障をめざし、その専門的知識と技術をもって、保育施設や地域社会における特別な配慮を必要とする子どもと保護者（障がいや発達上の課題、外国にルーツをもつ子どもや家族、育児不安、不適切な養育、虐待や生活上の課題）に対して行われる支援」（伊藤（良）、第1巻序章）をさしているが、いま、保育指導が、2018年版保育指針解説が記すところの「保護者が支援を求めている子育ての問題や課題」を対象とし、「保護者の気持ちを受け止めつつ」、「各家庭において安定した親子関係が築かれ、保護者の養育力の向上につながること」をめざすものである

とするならば、保育ソーシャルワークという視点やそこからの取り組みが欠かせないであろう。すなわち、保育指導とは、特別な配慮を必要とするケースはもとより、子どもの保育や子どもとの生活において何らかの課題を抱えて／させられているすべての保護者に対するあらゆる支援を総称するものとして捉えていくことが大切なのである。別言すれば、保育の専門職としての保育士（または保育士集団）の専門性を踏まえたうえでの「子育て支援」をコアとした「保護者支援」（保護者をまるごと受けとめ、まるごと支援する）をさしているものと解し、必要に応じて、広い視野から取り組んでいくことが望まれるのである。

　また、上述の「保育の専門職としての保育士の専門性」については、保育ソーシャルワークの視点から、次のように考えていくことが肝要であろう。一般に「保育」（または保育実践）は、子どもの心身の健やかな成長をめざして、1人1人の子どもと保育者との対話的関係のなかで創造されていくものと位置付けられているが、近年、子どもの状況や家庭・地域社会の実態を把握するとともに、子どもの24時間の生活を展望し保護者の気持ちに寄り添いながら、家庭との連携を密にして保育を行っていくことの必要性が提示されている（伊藤（良）、2011c、21）。すなわち、子どもと保育者との二者関係にとどまらず、保護者を含めた三者関係を基本とした「保護者に対しても強い影響力を持つ保育」（石井、2002、1）あるいは「家族・地域を視座に入れた保育」（鶴、2009、18）が求められているのである。まさしく、保育は、子どもの人間的発達に責任を持つ営みとして保育者が保育現場で行う保育活動をさすとしても、1人1人の子どもの生活全体を見据え、家庭・地域社会と連携・協働しつつ、広い視野に立った子どもの発達と生活の援助に取り組んでいくことが不可欠になっているといえよう。

　したがって、「保育士の専門性」の裏付けとなる「保育の専門的知識・技術」についても、保育ソーシャルワークとの関係で位置付けていくことが大切である。例えば、「保育技術」にあって、それは単に、保育者が子どもに対して行う「保育実技」（絵本の読み聞かせ、手あそび、ピアノの弾き歌いなど）であると理解されることが少なくないが、その保育技術には、「子どもとの関係をつくる技術」（加藤、2009、294）も当然に含まれているのである。ここに、保育技術とソーシャルワークとの接点が見られるのである。今堀美樹は、保育士の専門性としての「保育内容における援助技術の問題としてソーシャルワークを捉えなおす必要がある」（今堀、2002、188）と指摘しているが、大変貴重な指摘である。

ソーシャルワーク論を参考に、子どもとの信頼関係の構築や環境の構成、子どもと環境との相互作用、子ども同士の関係、親子関係の調整、地域資源との連携・協働などに関する専門的知識・技術が深められ、そのうえで、保育指導がさらに豊かに展開されていくことが望まれる（伊藤（良）、前掲論文）。

（2）保育施設における「保育指導」をめぐる課題

保育施設における保育指導をめぐる課題とはいったい何であろうか。ここでは、2点、指摘しておきたい。

第1点は、保育ソーシャルワークの視点から、保育指導の理論を構築していく必要があるということである。柏女らの表現を借りれば、保育指導とは、保育業務の「保育原理」に対する保護者版であり、「保育指導原理」としての性格をもつもの（参照：柏女・橋本、2010、はじめに）ということになるが、はたして、それが、「保育相談支援」（または保育相談支援（保育指導））というワードに置き換えることができるか、あるいは、できるとしてもイコールのものとしてらえることができるかについては議論の余地があるように思われる。「保育指導」概念については、ひとまずは、2018年版保育指針解説における記述などが議論のための主なベースとなろうものの、ここで記されている「子育てに関する相談、助言、行動見本の掲示その他の援助業務の総体」というものが、例示の項目を含め、全体として何を指しているのかについて改めて検討していくことが大切ではないだろうか。先の「保育」（または保育実践）概念と同様、ソーシャルワーク論を参考に、保護者との信頼関係の構築や保護者同士の関係、親子関係の調整、保育に関する情報提供、地域資源との連携及び構築、保護者の養育環境の向上に資するソーシャル・アクションなどに係る理論がさらに追究されていく必要があろう[3]。

第2点は、第1点と深くかかわるが、保育ソーシャルワークの視点から、保育指導の実践（以下「保育指導実践」という）を積み重ねていくことが大切であるということである。いわば、保育ソーシャルワーク実践としての保育指導実践への取り組みの勧めということになるが、それは、近年における保護者の子育てを取り巻く環境の変化に伴い、「家庭の教育力の低下」が叫ばれ続けている状況のなかで、「子どもの最善の利益」を主として考慮しつつ、保育の専門職としての保育士がいったい何に取り組むべきか、あるいは、現実の問題として取り組まざるを得ないか、というギリギリの選択を自らに課すということであ

る。本園における実践事例②は、心身の成長と人間の形成における子どもに対する食育の重要性に鑑み、朝食が取れなかったときに安心して利用できるサービスとして取り組まれているものであるが、こうした実践もまた、保育指導実践の重要な一翼をなすものとして捉えていくことができるのではないだろうか。保育指導実践は、決して保育士1人だけでなしえるものではなく、保育士集団（その代表としての施設長、主任保育士等を含む）や保育士等職員（保育ソーシャルワーカーを含む）、保育施設及び地域社会全体の営みとしても捉えていくことが不可欠である。保育指導実践の自主的で創造的な取り組みが期待される。

おわりに

「指導」概念にかかわって、かつて、城丸章夫は、「指導とは、そそのかすこと、誘いかけること、そして方向づけることだということができます。『やる気をおこさせ、方向づけること』だといってもよいでしょう」（城丸、1981、157-158）と述べている。ここでは、子どもが保育者のいうことを聞かない権利があることを前提した議論が展開されているが、それは、まさしく保育ソーシャルワークのスタンスとも重なるものであるといえよう。保育指導の理論と実践への探究は、これまでに幾多の蓄積のある保育実践のそれに比べて、いまだ未開拓の領域であるといわざるを得ない。保育ソーシャルワークの視点からの大いなるアプローチが待たれるところである。

注
1）文部科学省・家庭教育支援の推進に関する検討委員会「つながりが創る豊かな家庭教育――親子が元気になる家庭教育支援をめざして――」（2012年3月）は、次のように述べている。「家庭の教育力が低下しているという認識は、約20年前から広がってきました（「青少年と家庭に関する世論調査」（平成5年内閣府））。しかしこれは、世の中全般に見たときの国民の認識であって、必ずしも個々の家庭の教育力の低下を示しているとはいえません。『家庭の教育力の低下』の指摘は、子どもの育ちに関する様々な問題の原因を家庭教育に帰着させ、親の責任だけを強調することにもなりかねません」。今日においてもなお、子育ての責任を保護者や家庭に（のみ）求める思考、風潮の強い日本にあっては、非常に重要な指摘であろう。
2）2010年3月に公表された厚生労働省・保育士養成課程等検討会「保育士養成課程等の改正について（中間まとめ）」を受けて、2011年度入学生から、指定保育士施設における保育士養成課程として、保育士の保育指導について具体的に学ぶ、あるいは保育実践

に活用され、応用される相談援助の内容と方法を学ぶ「保育相談支援」（新設。演習 1 単位）という教科目が導入されて以降、保育指導は、「保育相談支援」と同義またはその一部として位置付けられたり、語られたりすることが多くなっている。

　なお、2017年12月に公表された厚生労働省・保育士養成課程等検討会「保育士養成課程等の見直しについて～より実践力のある保育士の養成に向けて（検討の整理）」は、保育を取り巻く社会情勢が変化するなかで、より実践力のある保育士の養成に向けて、保育士養成課程等の見直しについて提言した。本章との関係でいえば、保育の専門性を生かした子育て支援に関する実践力を重視する観点から、保育士が行う具体的な支援に関連する教科目の教授内容等の再編整理及びそれに伴う教科目の新設（「相談援助（演習 1 単位）」、「保育相談支援（演習 1 単位）」→「子育て支援（演習 1 単位）」、「子ども家庭支援論（講義 2 単位）」）などについて示している。今後、関係省令、告示及び通知の改正や各保育士養成施設における準備・周知を経て、2019年 4 月から、新たな保育士養成課程が適用される（新たな幼稚園教職課程の適用と同時期）。

3 ）柏女霊峰・橋本真紀は、「保育相談支援とソーシャルワークやカウンセリング、その他の保護者支援プログラムとの関係の整理が課題である」（柏女・橋本、2010、補遺）と述べているが、こうした指摘は、本章の課題意識と通じるところがあるといえよう。

引用・参考文献

石井哲夫（2002）「私説　保育ソーシャルワーク論」『白梅学園短期大学　教育・福祉研究センター研究年報』第 7 号。

伊藤美佳子（2011）「保育現場から見たソーシャルワーク──どの子にも嬉しい保育、どの保護者にも嬉しい援助を──」伊藤良高・永野典詞・中谷彪編『保育ソーシャルワークのフロンティア』晃洋書房。

伊藤美佳子（2014）「保育園長から見た保育ソーシャルワーク──温かな風を吹かせる、地域のオアシスとしての保育園──」日本保育ソーシャルワーク学会編『保育ソーシャルワークの世界──理論と実践──』晃洋書房。

伊藤美佳子（2016）「親と子の愛着──乳幼児期を中心に──」伊藤良高・下坂剛編『人間の形成と心理のフロンティア』晃洋書房。

伊藤良高（2011a）『保育制度改革と保育施設経営──保育所経営の理論と実践に関する研究──』風間書房。

伊藤良高（2011b）「保育ソーシャルワークの基礎理論」伊藤良高・永野典詞・中谷彪編前掲書。

伊藤良高（2011c）「保育ソーシャルワークと保育実践」伊藤良高・永野典詞・中谷彪編前掲書。

伊藤良高（2013）「初期教育制度と保育・教育自治論」日本教育制度学会編『日本教育制度学会20周年記念出版　現代教育制度改革への提言　上巻』東信堂。

伊藤良高・伊藤美佳子（2017）『新版　子どもの幸せと親の幸せ──未来を紡ぐ保育・子育てのエッセンス──』晃洋書房。

伊藤良高・伊藤美佳子編（2018）『乳児保育のフロンティア』晃洋書房。

今堀美樹（2002）「保育ソーシャルワーク研究──保育士の専門性をめぐる保育内容と援

助技術の問題から――」『大阪キリスト教短期大学紀要／神学と人文』第42集。
小口将典（2017）「保育の特性と専門性を活かした支援」西尾祐吾監修・立花直樹・安田誠人・波多埜英治編『保育実践を深める相談援助・相談支援』晃洋書房。
柏女霊峰（2003）『子育て支援と保育者の役割』フレーベル館。
柏女霊峰監修・編著、橋本真紀・西村真美編著（2010）『保護者支援スキルアップ講座　保育者の専門性を生かした保護者支援――保育相談支援（保育指導）の実際――』ひかりのくに。
柏女霊峰・橋本真紀（2010）『増補版　保育者の保護者支援――保育相談支援の原理と技術――』フレーベル館。
加藤繁美（2009）「保育技術」森上史朗・柏女霊峰編『保育用語辞典〔第5版〕』ミネルヴァ書房。
厚生労働省（2008）「保育所保育指針解説書」。
桜山保育園（熊本県荒尾市）ホームページ（http://sakurayamahoikuen.jp, 2018年3月1日最終確認）。
宍戸健夫（1994）『保育の森――子育ての歴史を訪ねて――』あゆみ出版。
城丸章夫（1981）『幼児の遊びと仕事』草土文化。
月岡エミ子（2008）『私の人生　子育ていろいろ――桜山保育園と歩んだ35年――』マインド。
土田美世子（2012）『保育ソーシャルワーク支援論』明石書店。
鶴宏史（2009）『保育ソーシャルワーク論　社会福祉専門職としてのアイデンティティ』あいり出版。
内閣府（2005）『平成17年版少子化社会白書――少子化対策の現状と課題――』ぎょうせい。
日本保育ソーシャルワーク学会編（2017）『保育ソーシャルワーカーのおしごとガイドブック』風鳴舎。
吉田祐一郎（2017）「保護者に寄り添う保育指導」西尾祐吾監修・立花直樹・安田誠人・波多埜英治編、前掲書。

第3章
保育に関する相談・援助

はじめに

　家庭教育支援の推進に関する検討委員会の報告書「つながりが創る豊かな家庭教育——親子が元気になる家庭教育支援を目指して——」(2012年) によると、少子化に伴う子育てをめぐる環境の変化が著しいことがわかる。この20年で3世代世帯はほぼ半減した。その結果、保育に関する相談・援助を、祖父母世代から得る機会は実際少なくなったということが予測される。ひとり親家庭世帯は120％に増えている。また、全世帯数のうちの子育て家庭世帯数が20ポイント以上減少している。これらからは、子育て世帯が減少し、孤立していることが予測される。つまり、今日、人口動態的に考えても、他の子育て親子を見て学ぶ機会が地域から減少しているのである。

　ここで、地域における保育専門職である保育者への保育に関する相談・援助への必要性が高まることは想像に難くない。実際、保育者の要件として「子育て支援」が位置付けられ、また現場での実施も広がった。

　日本保育学会による『保育学講座　第5巻　子育て保育を支えるネットワーク—支援と連携』では、太田光洋氏が、「子育て支援と保育」に関連させて、日本の子育て支援が少子化対策の文脈でスタートした施策であること、そして子育て支援のひろがりがみられる今日、子育て支援と関連する保育施設の役割や保育者の専門性について、見直し、再構築を試みることの必要性を指摘している（太田、2016年、7-22）。また、同講座の「家庭との連携と保育」で大豆生田啓友は、園における子育て支援は、保育者の専門性を生かしながら、家庭との連携においてなされるもの（大豆生田、2016年、29-31）、その位置付けの再定義化を試みている。

　本章では、今日ますますその必要性が指摘され、再定義が試みられ、実際に保育現場で多様にまた大いに展開している保育に関する相談・援助について、

以下の構成で、取り上げる。

1　保育に関する相談・援助の位置付け
　（1）　指針や要領における位置付け
　（2）　保育に関する相談・援助の意義
　（3）　園における保育者の専門性を生かした相談・援助の在り方
2　保育に関する相談・援助の基本理念
　（1）　子どもの最善の利益の重視と乳幼児教育保障
　（2）　子どもの育ちと学びをはぐくむパートナーシップ
　（3）　質の維持・向上を図るマネジメント（PDCA 等）
3　保育に関する相談・援助の構造
　（1）　担い手
　（2）　対象
　（3）　場面
　（4）　内容
4　保育に関する相談・援助の事例

　本章では、まず、保育に関する相談・援助の位置付けについて、厚生労働省による「保育所保育指針」（2017年）と、文部科学省による「幼稚園教育要領」（2017年）、内閣府・文部科学省・厚生労働省による「幼保連携型認定こども園教育・保育要領」（2017年）を中心にその内容を確認する。また、その意義や在り方についても考察を加える。次に、その基本理念について、倫理的な側面や重要な点について、昨今の研究動向を踏まえながら紹介する。さらには、保育に関する相談・援助の構造について、担い手や対象、場面、内容を概観したい。加えて、保育現場における相談・援助の具体的な実践例を紹介する。さいごには、保育所、認定こども園、幼稚園における保育者による保育に関する相談・援助の在り方について展望したい。

1 ‖ 保育に関する相談・援助の位置付け

（1）指針や要領における位置付け
　このたび、3つの指針や要領が同時に改訂（改定）された。いずれにおいて

も園における子育て支援が保育者の仕事として位置付けられている。

「保育所保育指針」は、前回の改定では新たな章として「保護者に対する支援」が設けられた。さらに、このたびの改定では、第4章で「子育て支援」に改められた。その背景には、子どもを中心に保護者と連携して子どもの育ちをともに支える視点を持つことの必要性への高まりがあるであろう。

今日、かつてよりも、さらに、地域で子育て支援関連の機関や団体が地域にたくさんできまたそれらが整備され、機能してきた。このことを踏まえて、園や保育者が、それら地域の子育て支援機関や、子育て支援員、カウンセラーなどとの連携を図り、協働することが今後ますます望まれる。園における保育者による保護者の相談・援助は、より整備され、要領・指針の改訂（改定）では基本的事項が共通化されるかたちとなった。

「保育所保育指針」の第4章では、基本的事項として地域や家庭との連携を図りながら、一般的に相談業務の基本といわれるクライエントの自己決定を尊重すること、保護者と社会をつなぎ保護者の自己実現につながるように保護者が子ども成長に気付き子育ての喜びを感じられるように努めることにより、保育所の特性を生かすことが指摘されている。

現場においては、保護者対応にあたっては、その相談や援助にあたり、個々の保育者が自分で個人的にかかえてしまい疲弊するといった実態が多く聞かれることから、関係専門機関等との連携や協働を図ることや、保育所全体での体制構築に努めることが必要である。「保育所保育指針」においても、留意すべき事項としてあげられている。

相談・援助については、保護者の不安や孤立感から、園においてもそのニーズが拡大しているが、その内容もまた、家庭環境の多様化、家庭教育力の格差の広がりなど、その相談内容が複雑化していることもあり、園だけで対応することは困難となってきている。地域の児童相談所などの子育て家庭に関する相談業務の中核を担う機関とも連携を図りながら、身近な相談・援助の可能な場として保育所が機能することが望まれている。

「保育所保育指針」では、その子育て支援は、園児の保護者と、地域の保護者等に分けて論じられている。前者、つまり園児の保護者への子育て支援については、子どもの福祉の尊重を前提として保護者の就労と子育ての両立等を支援する視点、さらには障害のある子どもや外国籍の子どもなど特別な配慮を必要とする家庭への留意点などが指摘されている。後者については、園での保育

に支障がない限りにおいて地域の子育て支援をすすめることが指摘されている。

「幼稚園教育要領」では、第3章「教育課程にかかわる教育時間後等に行う教育活動などの留意事項」の「2子育て支援」において、規定されている。ここでは、保護者や地域に機能や施設を開放することや、幼児期の教育に関して相談に応じること、情報を提供することなどを通じて、園が地域の幼児期の教育センターとしての役割を果たすように努めることが示されている。加えて、ここでも、保育所同様に、幼稚園が、地域の社会資源である、他領域の専門家や専門施設・機関等との連携を図ることが、大事であることが示されている。

「幼稚園教育要領」においても、保育所と同様に、障害のある幼児や外国籍の幼児など特別な支援や配慮を必要とする子どもへの理解を深めることが大切にされている。園での保育実践においても、個別に指導内容や指導の工夫を行うことが示されている。ここでは、園においても、家庭と連携を図り、理解を深めることや、家庭との相互作用による子どもにかかわる情報の共有、家庭の保護者との連携、そしてその支援が不可欠である。家庭に応じた援助を行うこと、また他の専門機関とのつながりをつくることも不可欠であることが提示されている。

「幼保連携型認定こども園教育・保育要領」では、「第4章 子育て支援」において、「保育所保育指針」と「幼稚園教育要領」との整合性が図られるかたちで、子育て支援が位置付けられている。加えて、1号および2号認定の背景の違いをかんがみ、保護者の生活形態が異なることを踏まえて、お互いが理解を深め学びあうことができるような、配慮や工夫について示されている。

(2) 保育に関する相談・援助の意義

このたび改訂(改定)された、いずれの指針・要領においても、個々の子どもへの理解を深めること、子どもの最善の利益の確保やその時期にふさわしい教育の保障のために、家庭との連携が不可欠であり、家庭の子育てを支援することの必要性が大切にされていると考える。実際、「子育て支援」という言葉がいずれにもあげられている。

家庭との連携を図る方法として、最も一般的なものとして、対話がある。日常の送り迎えや連絡帳のやりとり、保護者会、懇談会、参観日などの機会では、園の保育についての情報提供が保育者から保護者に一方向的になされるだけではなく、保護者と保育者による対話がなされ、保育に関する相談・援助の第1

歩が踏みだせる。

　保育者と保護者との日常的なコミュニケーションが頻繁である園では、形式的ではない親しみある関係性がつくりやすい。その意味で、相談しやすい状態があるともいえる。

（3）園における保育者の専門性を生かした相談・援助の在り方

　園は乳幼児期の子どもとその保護者にとって、最も身近な社会資源の1つである。その特徴の第1としてあげたいことは、1番身近にいる保育の専門職である保育士、保育教諭、幼稚園教諭が園にはいるということである。

　保育士養成課程や、幼稚園教員養成課程では、必ず乳幼児期の教育や保育の原理、発達の特徴、相談の在り方を学ぶこととなっている。世界の保育者養成課程においても「家庭との連携や保護者支援」の分野は必須である。

　例えば「保育士養成課程」では「保育相談支援」の科目が位置付けられている（保育士養成課程等検討会、2010年）。

　同検討会の中間報告書（2010年）では、「保育相談支援」の科目の目標としては、以下の4つがあげられている。

1．保育相談支援の意義と原則について理解する。
2．保護者支援の基本を理解する。
3．保育相談支援の実際を学び、内容や方法を理解する。
4．保育所等児童福祉施設における保護者支援の実際について理解する。

　幼稚園教諭に関しては、幼稚園教員養成課程の認定にあたり、対象が幼児・児童ではあるが、「教育相談（カウンセリングに関する基礎的な知識を含む）の理論及び方法」が必修の科目となっている。

　アメリカの最大保育専門組織である全米乳幼児教育協会（2012年）では、保育者養成の要件基準を示している。そこでは全体で大きく以下の7つの項目があげられている。

1．子どもの発達理解と学びの促進
2．家庭や地域との連携
3．観察・記録・評価

4．発達的に適切で実践的な取り組み
5．保育内容とカリキュラム
6．専門職となり、さらに成長するために
7．実習

　この中で、「家庭や地域との連携」は2番目に示されている。「家庭や地域との連携」にかかわる保育者の養成基準は、さらに、3つの分野にわけられており、学士レベルの養成では、「家庭や地域の多様性について知り、理解する」「尊重や相互作用を通して家庭と地域を支え、つなげる」「幼児の発達と学びに家庭と地域を関連させる」である。この最後の項目が修士レベルの養成では「幼児の発達や学びを促すうえで、家庭や地域と連携を図るための協力体制づくりや地域の文化を生かす可能性を追求する」といったより高度な養成要件が提示されている。
　国内の3つの要領・指針といった基準においても、さらには、例えばアメリカの基準においても、養成要件をみれば明らかなように、園における保育者は、対人相談・援助の基礎、カウンセリングの基礎を学んでおり、それを踏まえている専門家である。ヨーロッパの保育者養成についても同様である（European Commission / EACEA / Eurdice / Eurostat, 2014）。
　つまり、相談・援助の対象者との基本的な信頼関係の構築、受容的なかかわり、相手の自己決定の尊重、守秘義務、育ちへのまなざし、地域の専門機関や専門家などの社会資源の活用や連携・協力の基本理解について、保育者は理解しており、実際その具現化を図るための演習等の経験をつんで保育者になっているはずなのである。
　児童相談所に寄せられる多くの保護者の相談内容は、発達相談である。保育者は資格・免許の取得にあたり、乳幼児期の子どもの発達について、養成教育で学んでいる。また保育者は乳幼児期の発達理解に基づいた保育の方法についても演習や保育実習において学んでいる。
　加えて園での現場経験を積んでいる場合、家庭とは比較にならないくらいの、多数の乳幼児と日々過ごし、その発達についての特徴を理解し、その発達に適したかかわり方を身につけている。経験知の蓄積により、多くの事例を提示しながら保護者の相談に応じることが可能であるといえよう。
　次に指摘したいのは、園が地域の他の専門機関とつながりやすい身近な機関

であるということである。行政や保健、医療、福祉機関と園はつながっている。実際に、それらとの連携を図ることが規定されている。保育者は、自らが保育にかかわる、子どもと接する他職種をよく知っており、園はそれらとの連携体制が整えられている。よって、園を中間とし、他機関の紹介、他職種への相談の仲介など、それらとの連携が図りやすい。特に、昨今では、保護者の相談や、問いへの応答を個人で対応するのではなく、園が組織として対応すること、さらには、地域の専門機関や専門職と連携して対応することが進められている。虐待などの問題においても、地域でネットワークを構築することがその援助には不可欠であり、各地で連携が進められつつある。

2 ║ 保育に関する相談・援助の基本理念

(1) 子どもの最善の利益の重視と乳幼児教育保障

　一般的な相談・援助の基本理念としては、相談を受けるクライエントの自己決定、守秘義務など人権を十分に配慮することが前提となっていることは周知のとおりである。加えて保育に関する相談・援助においては、さらに、子どもの最善の利益の重視と乳幼児教育保障の観点がある。

　周知のとおり、教育基本法第10条では、「2　国及び地方公共団体は、家庭教育の自主性を尊重しつつ、保護者に対する学習の機会及び情報の提供その他の家庭教育を支援するために必要な施策を講ずるよう努めなければならない」とあり、続く、第11条では、「幼児期の教育は、生涯にわたる人格形成の基礎を培う重要なものであることにかんがみ、国及び地方公共団体は、幼児の健やかな成長に資する良好な環境の整備その他の適当な方法によって、その振興に努めなければならない」とし、家庭教育の自主性を尊重しつつも、その自主性は、子どもに適した環境や方法であることが前提でありその支援を公的に保障することが必要であるとしているのである。

　児童福祉法においても、すべての子どもの福祉の保障がうたわれており、次世代育成支援対策推進法においては第3条で基本理念として「次世代育成支援対策は、父母その他の保護者が子育てについての第一義的責任を有するという基本的認識の下に、家庭その他の場において、子育ての意義についての理解が深められ、かつ、子育てに伴う喜びが実感されるように配慮して行わなければならない」とされており、やはり、保護者の権利のみならず、子育てと責任が、

子どもの最善の利益の確保と育ちの保障のために明示され、それとの関係性で公的支援が必要であることが掲げられているのである。

保育の相談・援助では、一般の相談業務と異なる特徴、つまりは、相談を受ける保護者の権利や自己決定に加えて、子どもの最善の利益の重視と乳幼児教育保障の観点が不可欠であり、相談・援助には、子どもの幸せにつながる方向性への価値の提示、事例の紹介、知識や、方法と技術の伝授といったところまで含めていくものであることを留意する必要があると考える。

（2）子どもの育ちと学びをはぐくむパートナーシップ

保育に関する相談・援助における観点として、大切にしたいことは、保護者が利用者として位置付けられるだけではなく、保護者の子ども理解が深まること、保育への関心や実際の知識、技術、実践力が高まること、そしてその楽しさや嬉しさを感じ保護者自身が自己実現を図ることが、子どもの幸せにつながり、子どもの育ちにも、良い影響を与えることである。

特に保育者と保護者のパートナーシップづくりは、高く評価されている。例えば、カナダのトロント市の取り組み（Corter & Pelletier, 2005）や、ジョン・ホプキンス大学の学校・家庭・地域連携センターの研究成果（Epstein, 2011）などがある。これらの成果から、保育者と保護者がパートナーシップをはぐくむことにより、子どもの自尊感情が高まること、子どもの社会性や学力の向上すること、子どもと家庭の規範意識が高まること、保育者の成長が促されることが明らかになっている。

（3）質の維持・向上を図るマネジメント（PDCA等）

相談・援助は、お迎えの時に急に保護者から「ちょっといいですか？」と相談されたり、いきなり電話がかかってきたりといったケースが多い。よって予測しにくく、計画が立てにくい。しかし、相談・援助が1度で解決するケースはまれである。また日ごろから、また子どもの日常の様子や、保護者の様子を注意深く観察していると、少し気になることや、予測がつく場合もある。相談・援助においても、その質の維持・向上を図るためのマネジメントは不可欠であり、PDCAサイクルを導入することが期待される。

PDCAサイクルとは、そもそもは、産業界で製品の品質管理や、開発・改善を図る上で活用されていた用語である。PはPlan：計画、DはDo：実行、

CはCheck：評価、AはAct：改善を意味している。工場製品とかかわる分野で活用されていた言葉であり、保育相談・援助には違和感を覚える場合もあるであろう。しかし、そもそも保育実践では、産業界がPDCAサイクルという言葉を一般的に使うようになる、そのはるか以前から、実践の質の維持・向上の文脈において、また児童中心主義の文脈において、こういったモデルを活用してきた。

　例えば、デューイ（Dewey, 1933）は、教育においては、実践したのちに省察することにより、実践理解を深め、その改善を図り、実践力を向上していくことの重要性を指摘している。また近年ではショーン（Shon, 1983）が、実践しながら省察を繰り返し行うことが、保育者に限らず、人と接する実践を伴う専門職の分野では、その専門性を高めていく上で必要であることを指摘している。

　相談・援助では、その相談者、そして内容について、個別性が高い。類似した悩みの相談であると感じても、その相談内容の受け止め方、解決に向かうプロセスは多様である。ゆえに、しっかりとアセスメントを行うことが大切である。

　援助においては、実践しながら、その仕方を常に考え、その都度臨機応変に対応していくことが望まれる。援助後にも振り返り、自分の見通しと合致していた部分はどこだったのか、異なっていた部分はどこだったのかを吟味し、理解不足はどこであったのか、どのような知識が不足しており、かかわり方の課題はどこにあったのかを考え次の相談・援助につなげていくことが不可欠であると考える。

　保育の相談援助では、難しいケースも多々ある。保育者そして保育者集団が協働でPDCAサイクルを導入することにより、相談・援助の質の維持と向上が図られると考える。

3 │ 保育に関する相談・援助の構造

保育に関する相談・援助の構造について以下、簡単に整理しておく。

（1）担い手

　保育に関する相談・援助の担い手は、もちろん保護者に1番身近な担任保育者、そして、より経験が豊かで、専門性が高い保育者、例えば、主任や主幹保

育教諭、教頭、さらには園長などが挙げられるであろう。ここで留意すべきことは、指針や要領でも留意されているとおり、相談を受けた個々の保育者は、個で対応しているのではなく、相談を園として受けていること、まだ援助は園として総合的に一体となって行っていくことである。

すでに2006年に中央教育審議会においてあらわされた「今後の教員養成・免許制度の在り方について（答申）」においても、社会変化に対応することの難しさ、教員への期待、実際のニーズの高まり、保護者等の教員に対する信頼のゆらぎなどが指摘されている。相談・援助の対応への難しさ、子育て支援ニーズの複雑方と多様化、そして量的増大など、相談・援助とかかわる保育者への期待の増大など、園においてもこの実態は同様であるといえるであろう。

よって、今後ますます、園が相談・援助の充実を個々の保育者のみならず、園が組織として行うこと、保育者が連携し、同僚性を発揮して、保護者の相談等について、個人の責任の範疇だけではなく、園全体で対応することが望まれると考える。

それは、保育者が1人で抱え込まないという、個人の心的負担の軽減といった観点からのみならず、保育者それぞれが持つ多くの知見を集結して、よりよい援助につなげることができるといった観点からも、保護者と子どもにとってメリットがあると考えられる。

加えて、相談・援助の担い手は、園が窓口になりつつ、より社会に開かれたものとすることが望まれる。このたびの要領・指針の改訂（改定）のキーワードの1つとして「チーム学校」という考え方がある。中央教育審議会から2015年にあらわされた「チームとしての学校の在り方と今後の改善方策について（答申）」では、「学校という場において子供が成長していく上で、教員に加えて、多様な価値観や経験を持った大人と接したり、議論したりすることは、より厚みのある経験を積むことができ、本当の意味での『生きる力』を定着させることにつながる。そのためにも、『チームとしての学校』が求められている」とし、複雑化・多様化・困難化した課題を解決するための体制整備がめざされている。これは、学校である幼稚園や幼保連携型認定こども園だけではなく、保育所においても同様である。つまり、いずれの指針や要領の改訂（改定）においても、社会との連携と、協働を図ることが示されている。

昨今、多様な社会経済的な状況、さらには文化的な背景にある保護者や家庭からの相談・援助が、保育現場に投げかけられている。複雑化・多様化・困難

化した状態の家庭の保護者からの相談・援助にあたる保育者は、より個別性への対応が可能であったり、より専門特化したりする対応が可能である。ここでは、園での同僚性を発揮した連携に基づく援助、そして、地域がチームとなり一体となって、連携を図りながら、援助することが必要である。この傾向は、今後ますます高まることが予測される。

（2）対象
　本章では、「保護者」といった表現をしているが、実際の家庭教育環境は多様化し複雑化しており、本来「保護者等」という表現がふさわしい。家族の形態の変化や多様化が進んでいる。
　指針や要領では、障害児など特別な支援を必要とする子どもや、外国籍の子どもたちへの配慮が指摘されている。こういった子どもたちの保護者を対象とした相談・援助のニーズは多様で、複雑であり、大きいといえる。保護者の背景については、さらに、社会経済的な支援を必要とする家庭や、保護者自身や家族の成員の健康状態の配慮を必要とする家庭などますます多様化し複雑化している。対象自体が広がっていること、対象の背景が多様化していることを踏まえた相談・援助が今後ますます必要になってくる。

（3）場面
　相談・援助の場面は、日常的なもので直接的なものとしては、日々の送迎の時の対話がある。日常的なもので間接的なものとしては、お便りの交換などがある。比較的、園が主体となって企画するものとしては、保護者会等の機会の提供がある。保護者が主体となって懇談会等を実施したり、相談会を企画したりしている場合もある。
　突発的で頻度が高いのは電話による相談や、問い合わせである。昨今ではメールやライン、SNSを活用したものがある。
　保育者がチームとなって対応することの必要性については先ほど述べたが、昨今では、保護者の相談によって、その場面を工夫している場合もある。個別性が強く、守秘性が高く、専門職への相談・援助を希望している場合は、担任と主任、園長などが個室において相談・援助をすることが適している場合がある。一方で、保護者どうしの対話が可能であったり、共有、共感、アドバイスをしあったり、学びあい、支えあう関係性の構築が可能な、小グループの相談

会を企画することが適している場合もある。
　匿名で園だよりやSNSを活用し、事例を共有する方法もある。専門職の援助指導を加えて発信することも効果がある場合もある。

（4）内容

　保育相談内容について大規模で分析したものは、少し古いが日本保育協会による「保育所における子育て相談に関する調査研究報告書」（2000年）がある。
　相談内容として1番多いのは、「しつけ・教育などの育児法」に関するものであった。次が「基本的生活習慣」、さらには、「身体の発育・社会性の発達」であった。これらについては、「よくある」「時々ある」と答えた園が8割を超えていた。一方「家庭・地域などの生活環境」「病気・けがなどの医学的問題」は半分以下であった。
　全国保育士会のホームページでは、保育士が日ごろ保護者等からよく受ける子育ての相談や育児についての悩みなどを集約し、それについて保育士の保育実践からの知識・経験を生かしてこたえていくコーナーを設けている。そこでは、日々、子どもと保護者等と接している保育士ならではの助言を展開している（http://www.z-hoikushikai.com/qa/index.html）。「子育てQ＆A」とタイトルがつけられたこのページでは、以下の9つの項目が提供されている。

1．食事：母乳、離乳食、好き嫌いなど食事について
2．排泄：おむつ、おまる、おもらしなど排泄について
3．健康：睡眠時間、発熱時の対応、身体の変化など健康について
4．まなび：言葉の習慣、しつけなどまなびについて
5．障がい：障がいのある子どもの子育てについて
6．人間関係：きょうだい、お友だちとの関係など人間関係について
7．子育て不安：負担感、虐待など子育て不安について
8．災害：災害時の対応など災害について
9．その他：小学校のこと、他の保護者とのかかわりなど

　災害のサイト以外では、月年齢などに応じて項目が設定されている。「まなび」や「人間関係」など、乳幼児期からの社会情動的な発達や豊かな育ちや学びの経験を保証する教育的な観点は、昨今の研究成果からも指摘されている点

であり、保育相談の内容として今後ますます充実をはかり、小学校以降の教科主義教育とはことなる、保育独自の教育についての相談・援助や、前倒しの早期教育への対応を図る相談・援助などについて、充実を図ることが、今後ますます期待されると考える。

4 ｜ 保育に関する相談・援助の事例

（1）プレ相談・援助の事例——事前予防的観点から——

先に紹介した全国保育士会のホームページ「子育てＱ＆Ａ」（http://www.z-hoikushikai.com/qa/index.html）以外にも、今日ホームページなどで多数、子育てにかかわる相談や援助がなされている。市など行政のホームページ、病院など医療機関のホームページ、福祉関連施設のホームページなどがある。各園でもそういったページを設けているところがある。

相談したい実態が起こったり、実際に悩み苦しんでいる状態になったときに、ゆったりとネットサーフィンしたり、多数ある情報から必要な内容を冷静に抽出することが難しいことは多々ある。その意味で、事前に予防的な観点から、少し気になることや、興味がある内容について、学ぶ方法を知っていたり、実際に調べた経験があったりすることは、疑問の軽減や実際の悩みが膨らんでいかないことにつながるので期待できる。地元の公的機関、知り合いのページなど、信頼性が高く、身近で気軽に感じることができるサイトを選んで、保護者にあらかじめ提示することがプレ保育相談・援助として機能すると考える。

ある園では、入園式や、日ごろの園便りにおいて、こういったサイトを紹介することにより、保護者の不安を軽減することや、保護者自身が保育についての疑問や不安などの問題解決を図ることが増えるといったケースがあった。

ある園では、4、5月当初は発達や人間関係についての相談が多かったという実績を参考に、過去の相談事例をもとにＱ＆Ａコーナーを設けたり、専門家によるコメントを掲載したり、内容と関連するホームページ相談サイトを紹介していた。

園によっては、専門職による連載や、Ｑ＆Ａコーナーを園便りに載せるといったことを頻繁に実施している。相談・内容に共感したり、その内容を園の保育者どうしで話題にしたりして、園と保護者の相談・援助だけではなく、保護者間の対話による学びあいや、支えあいがみられるといった効果があったと

の事例もある。

(2) 日常性、継続性、双方向性を大切にした相談・援助

家庭との連携については、全米 PTA 協会のガイドライン (2009年) や、先にあげた研究 (Corter & Pelletier, 2005 ; Epstein, 2011など) 多数の研究がある。これらから、筆者はポイントをまとめると、3つあると考える。1つ目は、日常性である。連携には、イベントではなく、日常性があること、つまり、相談しやすい信頼関係が構築されており、上下関係や形式的な関係性ではなく、相談をしやすい雰囲気があることである。

2つ目は継続性である。相談・援助が1度で終わることはなかなかない。相談・援助が形態をかえつつ、つまり、言葉であったり、紙媒体であったり、担任の先生からであったり、主任からあるいは園長先生からであったりと、多層的に繰り返し行うことにより、不安が軽減されたり、理解が深まったり、さらに意欲につながったりといった展開を見せることが期待される。

加えて、3つ目は双方向性である。相談・援助は、保育者が一方向的に情報を提供したり、アドバイスしたり、するのではなく、自己決定、自己実現を図る観点からも、そのつど、フィードバックを得て実施することが望ましい。保護者の捉え、感想、気持ちの変化、さらには行動の変化を捉えながら、相談・援助の内容も変化していく。それぞれが学びあい、そだちあう、パートナーシップをかたちづくりながらの相談・援助が期待される。

(3) 連絡ボードや付箋を活用した相談・援助

匿名で保護者の承諾をえて、相談・援助の事例を連絡ボードに記載して、そこに保護者のコメント欄を設けたり、付箋やつりさげカードを置いたりして、保護者のフィードバックを促す工夫がなされている園がある。

掲示内容は、簡単な質問を1行だけ、といったものから、解決まで時に読み応えのあるエピソードを掲示している場合もある

付箋やカードには、書けるときに書きたいことをといった自然なかたちで書き込める工夫がなされる。保護者間の共感が深まり、我が子のみへの関心ではなく、ともに子育てに悩み、ともに子どもたちを育てているといった関係性が築かれる。自分が特殊ではないこと、1人ではないことを知る機会となる。そこから、共感やささえあいといったよりよい関係性がうまれ、保護者間のつな

がりも促すことができる。

(4) 専門職との連携を図る相談・援助

　保育の相談・援助においては、子どもの命や人権を喫緊に守るべく、緊急的でかつ極めて深刻な事例もある。毎日1時間、園で担任保育者に怒鳴りながら罵声を浴びせ、保育者が心身共に健康を阻害され、退職してしまったという例もある。凶器（出刃包丁）を持参しつつ、園にクレームをいう保護者の事例もある。園から児童相談所に連携し、家庭から子どもを緊急避難しなければならない事例もある。

　少子化が進み、人口減少が進み、保護者が孤立し、かつ保育に関して見聞きする機会も、相談する相手も、実際の援助者も減少していくことが、遠くない未来に訪れるかもしれない。そこでは、子どもの命や人権を守り、緊急時に速やかに対応することが、園にますます求められるであろう。ならば、次世代育成の専門職は、保健・医療・福祉・教育といった壁を取り除き、より深く、より速やかな連携を図り、保護者に対する相談・援助を実施することが必要であろう。

おわりに

　本論では、保育に関する相談・援助について、講じてきた。クライエントの利益を追求し、自己決定を保証し、自己実現を促すというソーシャルワークの観点は、保育に関する相談・援助においても大前提となる。保護者の不安や、知識や技術不足を支援すること、そして、保育の楽しさや保育への生きがいをはぐくむ支援は、ソーシャルワークの観点から今後ますます進められることが期待されるであろう。

　しかし、一方で、子どもという人権主体である存在が保育の第一義的対象でありその子どもの権利保障という観点から考えた場合、子育て支援、そして、保育に関する相談・援助は、保育の学問的研究知見を踏まえた、子どもの最善の利益の確保と、育ちをはぐくむ保育保障という価値を踏まえた、独自性のあるものであることも留意すべきであると考える。

　子育て支援ニーズの高まりから、保育所、こども園、幼稚園といった集団保育施設以外においても、子育て支援および保育の相談・支援が、今日、多様に

展開している。よってその独自性、つまりは、保育者という保育専門職の存在があること、保育者集団が同僚性を発揮すること、さらには、地域の次世代育成専門職の力量を活用してチーム化しながら展開していくことなどを生かしながら、園独自の相談・支援がより発展していくことが今後ますます必要となっていくと考える。少子化の中、少なくなってきた子育て家庭で、かけがえのない子どもたちの育ちを、よりよいものとしていくために、保育者の保育相談・援助の独自性をより発揮できる制度づくりや、実践の展開がより拡大することは、今後の課題であると考える。

引用・参考文献

大豆生田啓友（2016）「家庭との連携と保育」保育学会編『保育学講座5　保育を支えるネットワーク──支援と連携──』東京大学出版会、pp.29-31。

太田光洋（2016）「子育て支援と保育」日本保育学会編『保育学講座5　保育を支えるネットワーク──支援と連携──』東京大学出版会、pp.7-22。

家庭教育支援の推進に関する検討委員会（2012）「つながりが創る豊かな家庭教育──親子が元気になる家庭教育支援を目指して──」http://www.mext.go.jp/a_menu/shougai/katei/1306958.htm。

「教育基本法」（2006年法律第120号）。

厚生労働省（2017）「保育所保育指針」。

「次世代育成支援対策推進法」（2003年法律第120号）。

「児童福祉法」（1947年法律第164号）。

中央教育審議会（2006）「今後の教員養成・免許制度の在り方について（答申）」。

中央教育審議会（2015）「チームとしての学校の在り方と今後の改善方策について（答申）」。

内閣府（2017）「幼保連携型認定こども園教育保育要領」。

保育士養成課程等検討会（2010）「保育士養成課程等検討中間まとめ」（http://www.mhlw.go.jp/shingi/2010/03/　s0324-6.html　2017年12月1日最終確認）。

文部科学省（2017）「幼稚園教育要領」。

Corter, C., & Pelletier, J. (2005) "Parent and community involvement in schools: Policy panacea or pandemic?" Bascia, N., Cumming, A., Datnow, A., Leithwood, K., & Livingstone, D. (Eds.), *International Handbook of Educational Policy*. pp.295-327.

Dewey, John (1933) *How We Think──A Restatement of the Relation of Reflective Thinking to the Educative Process*. DC. Heath and Company.

Epstein, J. (2011) *School, Family, and Community Partnerships: Preparing Educators and Improving Schools*. Second Edition. Westview Press.

European Commission / EACEA / Eurdice / Eurostat, (2014) *Key Data on Early Childhood Education and Care in Europe*. 2014 Edition. Eurodice and Eurostat Report.

pp.133-139.
NAECY (2012) 2010 *NAECY Standards for Initial & Advanced Early Childhood Professional Preparation Programs: For Use by Associate, Baccalaureate and Graduate Degree Programs.* NAECY.
PTA (2009) PTA *National Standards for Family-School Partnerships: An Implementation Guide.* PTA.
Schön, Donald Alan (1983) *The Reflective Practitioner: How professionals think in action.* London: Temple Smith. (邦訳は、ショーン、D. A. 柳沢昌一・三輪建二監訳 (2007)『省察的実践とは何か――プロフェッショナルの行為と思考――』鳳書房)。

第4章
関係機関・関係者との連携

はじめに

　近年、さらなる少子高齢化の進行、家庭・地域養育力の脆弱化をはじめとし、子どもを取り巻く環境は悪化の一途を辿っている。それに伴って児童虐待の増加、発達障害児・不登校児の増加等、子どもの十全な育ちにおける諸問題は複雑化し、社会的養護の必要性は増える一方である。才村眞理は、「本来子どもは保護者のもとでの家庭で育てられるべきであるが、様々な事情で家庭に恵まれない児童には、それにかわる養育環境が与えられなければならない。この環境を用意する仕組みが社会的養護である」(才村、2006、61-62) と述べている。

　社会的養護とは、「保護者のない児童や、保護者に監護させることが適当でない児童を、公的責任で社会的に養育し、保護するとともに、養育に大きな困難を抱える家庭への支援を行うこと」である (厚生労働省、2011)。また、「子どもの最善の利益のために」と「社会全体で子どもを育む」ことを基本理念としている。

　2017年12月に発表された、厚生労働省子ども家庭福祉局家庭福祉課「社会的養育の推進に向けて」によれば、社会的養護を必要とする児童の数は約4万5000人であり、その内訳は、乳児院に2801人、児童養護施設 (以下において施設と略) に2万6449人、児童心理治療施設に1399人、児童自立支援施設に1395人、母子生活支援施設に5479人 (3330世帯)、自立援助ホームに516人の児童が入所している。加えて、ファミリーホームに1356人、里親に5190人の児童が委託されている。施設への主な入所理由は「虐待 (放任・怠惰、虐待・酷使、棄児、養育拒否)」、「父・母の精神疾患等」、「破産等の経済的理由」などとなっている。加えて、入所児の約60%が虐待を受けており、何らかの障害をもつ子どもが28.5%である。すなわち、施設に入所してくる子どもたちの多くは、保護者・養育者による諸事情によって、自分の意思とは無関係に家庭や地域、また、慣

れ親しんだ友人と離れることを余儀なくされていることが多い。

　このように、子どもや家庭をめぐる問題は複雑・多様化しており、様々な問題が深刻化する前の早期発見・早期対応をはじめ、社会的養護を必要とする子どもや家庭に対するきめ細やかな支援の在り方が喫緊の課題となっている。こうした課題を解決していくために、それぞれの分野の機関と連携を図ることでネットワークを構築していくことが必要である。また、子ども虐待の未然防止から早期発見・早期対応、再発防止や見守り、自立に向けた支援など各段階において、関係するすべての機関が連携して子どもの安全を守り、家族を支えていくことが求められている。

　本章では、社会的養護の中核を担う施設を主として、子どもの最善の利益を目指した支援および保護者・養育者に対する支援を行う際の関係機関・関係者との望ましい連携の在り方と、社会的養護に携わる者に求められる資質とはどのようなものであるのかについて論じていく。

1 ｜ 関係機関・関係者との連携の重要性

（1）関係機関・関係者と連携することの意義

　児童福祉法第1条において、「全て児童は、児童の権利に関する条約の精神にのっとり、適切に養育されること、その生活を保障されること、愛され、保護されること、その心身の健やかな成長及び発達並びにその自立が図られることその他の福祉を等しく保障される権利を有する」、また第2条においては、「全て国民は、児童が良好な環境において生まれ、かつ、社会のあらゆる分野において、児童の年齢及び発達の程度に応じて、その意見が尊重され、その最善の利益が優先して考慮され、心身ともに健やかに育成されるよう努めなければならない」と明記されている。上述の文言は、「児童（子ども）の権利条約の精神」を理念に掲げる法律となっており、社会的養護の法的な根拠とされている。社会的養護は、これまで様々な社会的理由による限られた人を対象にしていたが、その対象者の内容も年々拡大傾向にあるといえよう。いわゆる家庭における養育困難という問題は、障害・単身家庭などによる要因だけではなく、育児疲弊などへ拡大している。また、子育て不安や育児ストレスなどに対する保護者支援、子育て支援、保育・教育現場や関係機関との連携を図りながら社会的養護の位置付けを考えていかなければならない状況でもある。

特に近年では、虐待を受けた児童等、心の問題を抱える児童の施設入所が激増している。この点に関し、望月彰は、「虐待の急増やその周辺にある親子関係あるいは子どもをめぐる人間関係のゆがみ、さらにそこから引き起こされる子ども自身のいわゆる発達のゆがみ等、児童養護問題の現代的展開への対応に直面している」（望月、2004、88）と指摘している。
　こうした虐待を受けた子どもたちは、身体的な暴力によって生じる恒久的な障害だけでなく、情緒や行動、性格形成など、非常に広範囲で深刻なダメージを受けている（全国社会福祉協議会、2003、6）。上述した問題状況へのアプローチとしては、徹底的な分析解明や再発防止のために、関係機関等と連携しつつ、具体的な取り組みを進めていかなければならない。
　2011年7月、厚生労働省は児童養護施設等の社会的養護の課題に関する検討委員会・社会保障審議会児童部会社会的養護専門委員会がとりまとめた「社会的養護の課題と将来像」において、施設のソーシャルワーク機能を高め、施設を地域の社会的養護の拠点とし、これらの家族支援、地域支援の充実を図っていくことが必要であると指摘している。さらに、「施設は、虐待の発生予防、早期発見から、施設や里親等による保護、養育、回復、家庭復帰や社会的自立という一連のプロセスを、地域の中で継続的に支援していく視点を持ち、関係行政機関、教育機関、施設、里親、子育て支援組織、市民団体などと連携しながら、地域の社会的養護の拠点としての役割を担っていく必要がある」と提言している。
　また、2012年3月に発表された、厚生労働省雇用均等・児童家庭局長通知「児童養護施設運営指針」では、子どもと家庭を支援して、子どもを健やかに育成するため、以下に示す6つの支援を行うよう提示している。1つ目に、家庭的養護と個別化である。具体的には、子どもたちが適切な養育環境の下で、安心して身をゆだねることのできる養育者に養育される必要があるため、「当たり前」や「普通」の生活の保障が、新たに出発していく上で必要不可欠であり、その上で多様な子どもたちに適した援助を実現していくことである。2つ目に、発達の保障と自立支援である。ここでは、子ども期の健全な心身の発達を目指すと共に、自立した主体的な社会生活を送るための基礎的な力を形成していくことを目的としている。3つ目に、回復を目指した支援である。虐待や分離体験などによる心身の傷の癒し、回復に向けた専門的ケアや心理的ケアが必要である。その上で、他者との信頼関係や自己肯定感を取り戻していく。4

つ目に、家族との連携・協働である。子どもへの支援と共に、家族との関係の再構築も社会的養護の目標の1つであるため、親と共に親を支えながら子どもたちの発達や養育を保障していく必要がある。これが不可能ならば、親子の心理的関係を維持させた上で、親に代わって保障しなければならない。5つ目に、継続的支援と連携アプローチである。支援の始まりから施設退所後の支援（アフターケア）までの継続性と可能な限り特定の養育者による一貫性のある養育、様々な社会的養護の担い手と連携した取り組みが必要ということである。6つ目に、ライフサイクルを見通した支援である。すなわち、子どもたちにとって入所や委託はゴールではなく、あくまで新たな人生におけるスタートである。入所や委託が終わった後も長く関係を持ち続けて見守ることで、家庭内での虐待をはじめとする不適切な養育などの世代間連鎖を断ち切る様な支援が必要であることを述べている。

　こうした取り組みを十全に行うため、施設職員の資質向上は施設機能の高度化の必須要件といえよう。職員の資質を向上させるには、在職年数の長期化と個々のスキルアップを一体化させる必要がある。経験は専門性の礎と捉えることができるが、時間を積み上げるだけでは専門性は向上しない。そのため、施設における専門性とは何であるのかを具体化することと、実践に関する根拠を示すことが必要といえる。学んだことを実践していくなかで、常に振り返り分析し取り組みの方針を立て、その方針に基づいて実践していく、いわゆるPDCAサイクルに基づく取り組みが重要になる。

（2）関係機関・関係者との有機的連携

　筆者は児童養護施設の現場でファミリーソーシャルワーカーとして働いているが、施設内での多職種連携や協働を有機的に機能させるためには以下のような取り組みが必要となる。すなわち、①目的の共有、②共に困難に挑む時間の共有、③役割の共有、④責任の共有、⑤お互いの専門性の共有、などが挙げられる。関係機関・関係者がそれぞれの意見を持ち寄るため意見が異なる場合もあるが、この違いこそが重要である。それは、1人1人の子どもの理解を相互に尊重することが子どもを立体的に捉え、奥行きのあるアセスメントを可能とするからである。逆に、多職種連携や協働を困難にする要因としては、①自分の立場に固執する（地位）、②自分の価値観に固執する、③自分の専門的言葉に固執する、④自分の役割に固執する、⑤葛藤を他者の責任にする、な

どが挙げられる。施設内での多職種連携や協働において大切なことは、「対話」「相互理解」「相互尊重」することである。それは、① お互いの状況を知悉していること、② お互いに学び合おうとしていること、③ 共に行動する姿勢を欠かさないことである。チームワークは新しい力を作り出すことであり、チームでやるからこそできることと認識しておく必要がある。

　次に、外部との関係機関・関係者との連携について述べていく。施設の役割や機能を達成するための必要な社会資源には、児童相談所や福祉事務所をはじめとして保健所、保健センター、公共職業安定所、社会福祉協議会、病院、保育所、幼稚園、学校、警察、地域内の他の事業所、町内会・自治会等が挙げられる。子どもや家族の支援を行う際は、こうした関係機関・関係者との有機的連携が必要不可欠である。

　先に述べた「児童養護施設運営指針」では関係機関との連携について以下のように示している。すなわち、① 施設の役割や機能を達成するために必要となる社会資源を明確にし、児童相談所など関係機関・団体の機能や連絡方法を体系的に明示し、その情報を職員間で共有する。特に、地域の社会資源に関するリストや資料を作成し、職員間で情報の共有化を図る。② 児童相談所等の関係機関等との連携を適切に行い、定期的な連携の機会を確保し、具体的な取組や事例検討を行うことである。ここではさらに以下の4点を指摘している。

　① 子どもや家族の支援について、関係機関等と協働して取り組む体制を確立する、② 関係機関・団体のネットワーク内での共通の課題に対し、ケース検討会や情報の共有等を行い、解決に向けて協働して具体的な取組を行う、③ 児童相談所と施設は子どもや家族の情報を相互に提供する、④ 要保護児童対策地域協議会などへ参画し、地域の課題を共有する、である。

　上述の文章からわかるように、多様かつ複合的問題や課題を抱える子どもや家族に対して1つの機関の自己完結的な支援で効果をあげることは非常に困難であるため、問題に対する対応機能をもった機関との連携が援助にあたっての必須の条件になる。しかし、関係機関・関係者との連携が効果を発揮するためにはお互いがそれぞれの立場と機能を十分に理解し、問題に対する認識と援助目標を共有化させる作業が必要である。

　そのためには、関係機関等の代表者による情報交換や個々の事例に則した担当者レベルによるコンサルテーションが必要となる。ここでは、相互の役割分担や援助のキーパーソンを定め、随時援助の評価や調整を行っていくことが大

切になるが、会議等のなかで事前に機関内で十分に検討することや、必要に応じ機関としての決定権をもつ人の参加が重要になる。また、日ごろから機関同士の協力関係の維持や職員の相互面識も大変重要な要素となるため、日常的なネットワークの構築や多職種研究会の取り組み等も積極的に努力すべきである。特に施設の場合は、児童相談所をはじめとする関係機関・関係者との連携・共同体制を確立し、ケースカンファレンスなど具体的な取り組みを実施し、効果的な養育・支援の充実を図っていかなければならない。

次に、子どもを養育する家庭に対して地域を基盤としたソーシャルワークの在り方を考えた場合、子どもや家族を支援していく子ども家庭の相談機関は、相談機関でありながら、狭義の相談だけにとどまらない機能を発揮していくことが必要である。また、多職種他機関の連携を密にすることで、多様な視点と方法により家族への介入を果たすような支援は、家族の生活の場で行う地域を基盤としたソーシャルワークであるといえ、その基礎理論をジェネラリスト・ソーシャルワークに求めることができる。この点に関して山辺朗子は、「ジェネラリスト・ソーシャルワークの特性は、①当事者を主体として取り組むこと、②支援対象と取り組む課題を広角的にとらえること、③予防的であり、受け身的な相談の受理ではなく、積極的にニーズのあるところに働きかけること、④エコシステム視点により、クライエントが関わるシステムの全体的な変化を促進すること、⑤ミクロ・メゾ・エクソ・マクロのそれぞれのレベルの実践が切り離されることなく一貫した支援が遂行されることである」(山辺、2011、11)と指摘している。また、岩間伸之は、「地域を基盤としたソーシャルワークを「点を含めた面(地域)への援助」として、その特質は個を地域で支える援助と個を支える地域をつくる援助という2つのアプローチを一体的に推進する点にある」(岩間、2011、4)と述べている。

2 主な関係機関における機能と役割

(1) 児童相談所の機能と役割

児童相談所は、1948年1月1日、児童福祉法の施行と同時に発足しており、福祉事務所・保健所と並んで児童福祉の第一線機関である。児童相談所は、子ども家庭相談の専門機関であり市町村を後方支援することとなっているが、日本の児童相談所は以下の3つの機能を併せ持つ機関として創設された。すなわ

ち、① クリニック機能、② 一時保護機能、③ 行政措置機能である。

　2017年3月に発表された、厚生労働省雇用均等・児童家庭局長通知「児童相談所運営指針」では、児童相談所について「市町村と適切な協働・連携・役割分担を図りつつ、子どもに関する家庭その他からの相談に応じ、子どもが有する問題又は子どもの真のニーズ、子どもの置かれた環境の状況等を的確に捉え、個々の子どもや家庭に適切な援助を行い、もって子どもの福祉を図るとともに、その権利を擁護すること（以下「相談援助活動」という）を主たる目的として都道府県、指定都市及び児童相談所設置市に設置される行政機関である」と述べている。また、相談援助活動は、「すべての子どもが心身ともに健やかに育ち、その持てる力を最大限に発揮することができるよう子ども及びその家庭等を援助することを目的」としており、児童福祉の理念及び児童育成の責任の原理に基づき行われている。このため、常に子どもの最善の利益を優先して考慮し、援助活動を展開していくことが必要とされている。

　こうした目的を達成するため、① 子どもの権利擁護の主体者である明確な意識を持っていること、② 児童家庭福祉に関する高い専門性を有していること、③ 地域住民や子どもに係る全ての団体や機関に浸透した信頼される機関であること、④ 児童福祉に関係する全ての機関、団体、個人との連携が十分に図られていること、という4つの条件を満たす必要があるとされている。また、川﨑二三彦は児童相談所について、「子どもの真のニーズを的確に把握し、子どもの権利を擁護するという立場を忘れず、現実の相談場面においては、実情に即した柔軟な対応をとることが求められている」（川﨑、2013、24）と指摘している。

　児童福祉法第11条2項（ロ）において、児童相談所の役割は、「児童に関する家庭その他からの相談のうち、専門的な知識及び技術を必要とするものに応ずること」とされているが、具体的な相談の種類と主な内容は以下に示すとおりである。すなわち、① 養護相談（保護者の家出、失踪、死亡、入院等による養育困難、虐待、養子縁組等に関する相談）、② 保健相談（未熟児、疾患等に関する相談）、③ 障害相談（肢体不自由、視聴覚・言語発達・重症心身・知的障害、自閉症等に関する相談）、④ 非行相談（虞犯行為、触法行為、問題行動のある子どもに等に関する相談）、⑤ 育成相談（家庭内のしつけ、不登校、進学適性等に関する相談）、⑥ その他の相談、である。

　2017年11月、厚生労働省が発表した「福祉行政報告例の概況」によれば、児童相談所における相談の対応件数は45万7472件となっている。相談の種類別に

表4-1 児童相談所における相談の種類別対応件数の年次推移

	2012年度	2013年度	2014年度	2015年度	2016年度
総数	384,261	391,887	420,128	438,200	457,472
障害相談	175,285	172,845	183,506	185,283	185,185
養護相談	116,725	127,252	145,370	162,119	184,314
育成相談	52,182	51,520	50,839	48,978	45,830
非行相談	16,640	17,020	16,740	15,737	14,398
保健相談	2,538	2,458	2,317	2,112	1,807
その他の相談	20,881	20,802	21,356	23,971	25,937

出所：厚生労働省「福祉行政報告例の概況」2017年11月。

みると、「障害相談」が18万5186件と最も多く、次に「養護相談」が18万4314件、「育成相談」が4万5830件となっている（表4-1）。また、「養護相談」は年々、増大傾向にある。

　従来、児童福祉法においては、あらゆる子ども家庭相談について児童相談所が対応することとされてきたが、すべての子どもの権利を擁護するために、子どもと家庭への支援を行う際は、本来子どもと家庭に最も身近な基礎自治体である市町村がその責務を負うことが望ましいと考えられるようになった。一方で児童相談所は、児童虐待相談対応件数の急増等により、緊急かつ、より高度な専門的対応が求められるようになり、市町村を中心にしながら多様な機関によるきめ細やかな対応が求められている。

　このように、児童福祉に関する相談業務に携わる職員には、子どもの健全育成、子どもの権利擁護をその役割として、要保護児童やその保護者などに対して援助に必要な専門的知識・技術・態度をもって対応し、一定の効果を上げることが期待されている。そのためには、自らの職責の重大性を常に意識するとともに、子ども家庭ソーシャルワーク（ケアワーク、ソーシャルアクション等）として子どもの権利を守ることを最優先の目的としたソーシャルワークを行うことができるよう努めなければならない。

（2）保育所・幼稚園・学校等との連携

　近年、保育所は地域の多様なニーズを抱えた子どもとその保護者が利用しており、幅広い対象を理解しながら適切な支援を行うことが求められている。こうした社会的要請に応えるためには、保育所単独ではなく、地域にネットワークを構築して連携を図ることが重要である。すなわち、一般的な子育て支援か

ら、障害・要支援家庭を含む幅広い範囲を支援するためのネットワークの構築・活用が、保育所の大きな使命の1つといえる。厚生労働省「保育所保育指針」（2017年）では、保育所の役割として「保育所は、入所する子どもを保育するとともに、家庭や地域の様々な社会資源との連携を図りながら、入所する子どもの保護者に対する支援及び地域の子育て家庭に対する支援等を行う役割を担うものである」と掲げている。同じく、文部科学省「幼稚園教育要領」（2017年）では「幼稚園の運営に当たっては、子育ての支援のために保護者や地域の人々に機能や施設を開放して、園内体制の整備や関係機関との連携及び協力に配慮しつつ、幼児期の教育に関する相談に応じたり、情報を提供したり、幼児と保護者との登園を受け入れたり、保護者同士の交流の機会を提供したりするなど、幼稚園と家庭が一体となって幼児と関わる取組を進め、地域における幼児期の教育のセンターとしての役割を果たすよう努めるものとする。その際、心理や保健の専門家、地域の子育て経験者等と連携・協働しながら取り組むよう配慮するものとする」と述べられている。これは、他の幼稚園・小学校や保育所・児童相談所などの教育・児童福祉機関、子育て支援に取り組んでいるNPO法人や地域のボランティア団体、さらには、市町村などの関係機関との連携・協力を推し進め、子育て支援の観点から、幼稚園の役割の1つとして、地域の子育てネットワークづくりをする場としての役割を提示している。

　保育所や幼稚園は、養育者と子どもがともに通園することから、親子の関わり方や子育ての様子を目にすることができる貴重な機会といえる。すなわち、日常的に養育者の子育てに関する相談に応じることや、子育ての大変さに理解を示す声かけなどの支援がより効果的なものとなる。同時に保育士や教諭は、日中の生活の中で、子どもの身体的な状況や行動・発達面の様子を観察しておく必要がある。そうした中で、虐待、あるいは深刻な虐待に至る前の心配な状況を発見したときには、組織内での情報共有、判断を行い、相談・通告が必要となる。

　次に、学校と施設の連携の在り方を論じていく。施設の子どもは、低学力や不登校など学校教育上の問題を抱えている場合が多い。学校不適応が将来的に社会不適応につながりかねないことを考えれば、楽しく生き生きと学校生活を送れることが大切である。そのためにも、施設と学校はそれぞれの役割を理解し合い、連携して子どもの支援に取り組むことが求められる。連携には様々な形があるが、日頃から電話・連絡帳でのやりとりに加え、子どもに関する情報

をでき得る限り共有し、協働で子どもを育てる意識を持っている。また、子どもについて、必要に応じて施設の支援方針と教育機関の指導方針を互いに確認し合う機会を設けている。さらに、PTA 活動や学校行事等も積極的に参加している。しかし、守秘義務があるため、個人情報の保護の観点に立てば情報の共有化には十分な配慮と適切な管理が必要となる。加えて、子どもが新たな学校に転校（入学）する際、学校間で成績や生活状況などの概略は伝えられるが、子どもの家庭の状況や成育史など詳しい情報が児童相談所や施設から学校に直接伝えられることはほとんどない。ただし、学校も必要な範囲で出身家庭や成育史についての情報を養育者から得ることによって子どもを支援する必要がある[1]。

なお、特に保護者が施設入所に拒否的な場合や障害の程度が重く特別な教育上の配慮が求められる場合は、児童相談所や医療機関なども加わって情報共有を行う方が学校の理解を得やすい場合もある。いずれにせよ、養育者と学校が転校（入学）の段階から、相互にパートナーとしての信頼関係を築きつつ協働・連携することができれば、子どもの発達と自立の支援は一層実り豊かなものになる（神戸、2013、111）。

文部科学省「生徒指導提要」（2010年）では、連携について「学校だけでは対応しきれない児童生徒の問題行動に対して、関係者や関係機関と協力し合い、問題解決のために相互支援をすること」と述べている。具体的には、教育の専門家である教員が医療や心理の専門家と一緒に、児童生徒の問題の解決に向けて、共に協力して対話し合いながら児童生徒に対し支援を行うことである。子どもが行動上の問題の渦中にあるときは、養育者と教職員の双方だけが困難な場面に置かれて言葉にならない SOS を発している。それゆえに、子どもの行動上の問題は、養育者と学校との連携の真価が問われ場面であり、相互の苦労に敬意を払いつつ連携し、それぞれの立場で知恵を出し工夫をしながら協働することが求められる（神戸、2013、112）。

（3）保健所・保健センターとの連携

保健所は地域保健法第5条により都道府県、指定都市、中核市その他の政令で定める市及び特別区によって設置されており、医師、薬剤師、獣医師、保健師、診療放射線技師、臨床検査技師、衛生検査技師、管理栄養士、精神保健福祉相談員等の職員が配置されている。また、対人保健サービスのうち広域的に

行うサービス、専門的技術を要するサービス及び多種の保健医療職種によるチームワークを要するサービス並びに対物保健サービス等を実施する第一線の総合的な保健衛生の行政機関として、次に掲げるような業務を行っている。すなわち、① 地域保健に関する思想の普及及び向上に関する事項、② 人口動態統計その他地域保健に係る統計に関する事項、③ 栄養の改善及び食品衛生に関する事項、④ 住宅、水道、下水道、廃棄物の処理、清掃その他の環境の衛生に関する事項、⑤ 医事及び薬事に関する事項、⑥ 保健師に関する事項、⑦ 公共医療事業の向上及び増進に関する事項、⑧ 母性及び乳幼児並びに老人の保健に関する事項、⑨ 歯科保健に関する事項、⑩ 精神保健に関する事項、⑪ 治療方法が確立していない疾病その他の特殊の疾病により長期に療養を必要とする者の保健に関する事項、⑫ エイズ、結核、性病、伝染病その他の疾病の予防に関する事、⑬ 衛生上の試験及び検査に関する事項、⑭ その他地域住民の健康の保持及び増進に関する事項、である。また、児童福祉法第12条6項においては、保健所は、この法律の施行に関し、主として次の業務を行うものとする。すなわち、① 児童の保健について、正しい衛生知識の普及を図ること、② 児童の健康相談に応じ、又は健康診査を行い、必要に応じ、保健指導を行うこと、③ 身体に障害のある児童及び疾病により長期にわたり療養を必要とする児童の療育について、指導を行うこと、④ 児童福祉施設に対し、栄養の改善その他衛生に関し、必要な助言を与えること、である。

　市町村保健センターは地域保健法第18条により、地域住民に身近な対人保健サービスを総合的に行う拠点として、保健師、看護師、管理栄養士、歯科衛生士、理学療法士、作業療法士等が配置されている。また、次に掲げるような業務を行っている。すなわち、① 健康相談、② 保健指導及び健康診査、③ その他地域保健に関し必要な事業、である。保健所や市町村保健センター等は、「地域保健対策の推進に関する基本的な指針」等を踏まえ、母子保健活動や医療機関との連携を通じて、養育支援が必要な家庭に対して積極的な支援を実施する等虐待の発生防止に向けた取組を始め、虐待を受けた子どもとその保護者に対して家族全体を視野に入れた在宅支援を行っている。妊娠の届出や乳幼児健診等の母子保健施策は、市町村が妊産婦等と接触する機会となっており、悩みを抱える妊産婦等を早期に発見し相談支援につなげるなど、子ども虐待の予防や早期発見に資するものであり、母子保健施策と子ども虐待防止対策との連携をより一層強化するため、2016年児童福祉法等改正法により、母子保健法を

改正し、国及び地方公共団体は、母子保健施策を講ずるに当たっては、当該施策が乳幼児に対する虐待の予防及び早期発見に資するものであることに留意することとされた。すなわち、保健所や市町村保健センター等の機能を十分に活用するため、日頃から密に連携を図っておくことが必要といえよう。また、保健師が子どもの育てにくさや保護者の子育ての大変さを受け止め、市区町村のサービスや児童相談所につないでもらうことができれば、市区町村や児童相談所とのコンタクトもスムーズとなる。

3　子どもと保護者の育ちを支える連携

（1）医療機関との連携と具体的場面の対応

　児童福祉施設に入所する子どもにかかわる医療機関としては、① 出生した病院、② 入所前に通所していた病院、③ 虐待などの治療や保護の意味も含めて入院した病院、④ 入所後、施設近隣のかかりつけ医となる病院やクリニック、⑤ 発達障害や身体的な障害などの治療やリハビリを継続して行う専門の医療機関などがある。この他に、子どもの保護者が通院している病院（主に精神疾患に関する医療機関）と連携することもありうる。多くの場合、病院の地域連携・支援等にかかわる医療ソーシャルワーカー（MSW）が窓口となるが、直接、医師や担当する看護師から、子どもの状況を把握することも多い（神戸、112-113）。

　上述した医療機関は、子どもの外傷や発育状態から虐待を発見しやすい機関といえる。例えば、虐待を受けた子どもが搬送されてくることに加え、学校や地域生活の中で、保護者による不適切な養育を受けている疑いが持たれる子どもも診断で訪れることがあるためである。

　児童虐待の防止等に関する法律第5条において、「学校、児童福祉施設、病院その他児童の福祉に業務上関係のある団体及び学校の教職員、児童福祉施設の職員、医師、保健師、弁護士その他児童の福祉に職務上関係のある者は、児童虐待を発見しやすい立場にあることを自覚し、児童虐待の早期発見に努めなければならない」と定められている。すなわち、病院や医師に児童虐待の早期発見の努力義務が課せられており、虐待の早期発見やその後のケアにおいて医療機関との連携は今後ますます重要となっている。

　地域の医療機関に対し、虐待を受けたと思われる子どもを発見した場合の通

告窓口を周知することにより、医療機関が虐待の問題を発見した場合には、速やかに市区町村や児童相談所に通告されるよう体制を整えておくとともに、子どもの身体的・精神的外傷に対する治療や、精神医学的治療を必要とする保護者の治療が適切に行われるよう体制整備に努めなければならない。また、要保護児童対策地域協議会による援助が適切かつ円滑に行われるためには、地域の医師会や医療機関との連携が必要不可欠であり、同協議会への医師会や医療機関の参加を進め、医療機関との情報共有が円滑に行えるように努めることも必要である。

　医療機関との円滑な連携のためには、まず児童相談所の窓口や連絡先を明確にすることが必要である。また、児童相談所は医療機関から一方的に情報提供を受けるだけでなく、医療機関での対応に必要な情報や児童相談所による支援結果を報告して共有することが重要といえる。具体的には、児童相談所の関与のある事例の場合は、過去の経緯や対応において留意すべき点など医療機関での対応に必要な情報を医療機関に提供すること。関与のない事例の場合であっても、児童相談所が今後の対応について検討するために必要な情報を医療機関から得るほか、医療機関の対応に必要な情報があれば、医療機関に提供することである。さらに、要保護児童対策地域協議会における個別ケース検討会議の積極的な開催などを通じ、児童相談所の役割を医療機関に示し、医療機関が支援の必要性と理解を深める関わりや機会づくりに取り組むことが必要である。

　また、虐待の未然防止、早期発見のための医療機関の役割には以下のようなものがある。１つ目に、虐待に至る前の親子への支援である。妊婦健診におけるハイリスク妊婦の把握ができ、精神疾患の有無、あるいは育児不安や育てにくさを有する親への早期介入、育児支援が可能となる。２つ目に、複数の場面における親子の観察からの気付きである。医療機関では複数の職種が、様々な場面（待合、診察室、検査等）で対応している。虐待への気付きは診察所見のみではなく、受診から帰宅までの間の親子の様子から、全ての職員が「少し気になる、虐待の可能性はないか」などの察知能力が求められる。３つ目に、入院による経過観察である。入院が不要な骨折や外傷の場合でも、気になる様子がある場合には入院による観察により不適切な関わりが明らかになることもある。

（２）継続的な関わりを目指して

　大野紀代は、「社会的養護のもとで生活している子どもたちは、実親の離婚、

拘禁、親権者の変更、虐待、そして親子分離、施設入所などなどの好まざる変化を経験しており、その変化は新しいものを得るよりもむしろ大切なものを失い、喜びよりも怒りや淋しさをもたらすことが多い。すなわち、不適切な扱いを受けたにも関わらず、その手当を受けてこなかった子どもを理解しなくてはならない」(大野、2011、13-14) と指摘している。こうした子どもたちの言動の背後にある痛みを受けとめる姿勢が支援者には求められる。信頼できる大人が傍にいることで、子どもに物理的・精神的な護りの感覚を提供し、支援者と子どもとの愛着関係のさらなる形成へとつながる。すなわち、信頼関係の構築できた職員が一緒にいることで子どもは勇気付けられ、現状の苦しみを1人で抱えなくてもよいという安心感を持つことができる。施設養護においては、子どもの入所から退所まで継続した支援と、できる限り特定の養育者による一貫性のある支援が望まれる。養育者の変更や措置の変更などが生じた際に一貫性のある養育を保障するため、より丁寧な引き継ぎを行うアプローチがある。これらの連携アプローチに児童相談所等も加わり、社会的養護の担い手それぞれの機能を有効に補い合い、市町村とも連携し、重層的な連携を強化することによって、養育と支援の一貫性・継続性・連続性というトータルなプロセスを確保していくことが可能となる。すなわち、職場内のチームワークに加えて、スーパービジョン等の確保も必要となる。また、児童相談所等の行政機関をはじめとする、各種施設、里親等の様々な社会的養護の担い手が、それぞれの専門性を発揮しながら、巧みに連携しあって、1人1人の子どもの社会的自立や親子の支援を目指していく社会的養護の連携アプローチが必要といえる。

　この点に関して河尻恵は「こうした相互理解や連携が不十分であれば、結局は当事者である子どもに何らかの悪影響を与える可能性がある」(河尻、2011、8) と指摘している。さらに、子どもたちは入所の背景や個性も異なるため、同一の技法を固定化して適用し続けることは、技法そのものの有効性を失わせる可能性もあるため、マニュアルに沿ったルーティンワークへとならない配慮が必要となる。

　社会的養護における養育は、「人とのかかわりをもとにした営み」である。子どもが歩んできた過去と現在、そして将来をより良くつなぐため、子どもに用意される社会的養護の過程は、健やかな発達と成長への「つながりのある道すじ」として、子ども自身にも理解されるようなかかわりと支援であることが必要といえる。そのためには、子どもに関わった養育者との思い出がその子ど

もの心の中に残り、「自分は愛され、見守られ、期待されてきた」という気持ちを育めるように支援していくことが重要である。

おわりに

　現在、施設においては、子育て短期支援事業（ショートステイ・トワイライトステイ）などによる地域の子育て支援の機能を高めていくと同時に、地域の養育困難家庭に対し、いかにアプローチをしていくかが課題となっている。

　そのためには、有益なソーシャル・キャピタルの醸成と地域力の向上が重要といえる。すなわち、関係機関との連携によって援助体制の充実させていく取り組みが求められる。例えば、「施設の役割や機能を達成するために必要となる社会資源を明確にし、児童相談所など関係機関・団体の機能や連絡方法を体系的に明示しておく。特に、エコマップ等を活用して地域の社会資源に関するリストや資料を作成し、職員間で情報の共有化を図る」、「児童相談所等の関係機関等との連携を適切に行い、定期的な連携の機会を確保し、具体的な取り組みや事例検討を行う。また、要保護児童対策地域協議会などへ参画するなど、地域の課題を共有しておく」などである。

　今後、子どもや家族を支援する際の枠組みや流れが、施設・学校・地域・関係機関を含む支援者及び当事者間で有機的に共有され、様々な知識やノウハウが積み上げられた個別性が確保された切れ目のない継続的な支援が現場で更に展開されていくことを願ってやまない。

注
1) 学校の教職員にも守秘義務が課せられているため「子どもの最善の利益」という観点から、教育上必要な範囲で養育者が子どもの情報を学校に伝えることができる。

引用・参考文献
伊藤良高・永野典詞・中谷彪編 (2011)『保育ソーシャルワークのフロンティア』晃洋書房。
伊藤良高・永野典詞・三好明夫・下坂剛編 (2015)『新版　子ども家庭福祉のフロンティア』晃洋書房。
岩間伸之 (2011)「地域を基盤としたソーシャルワークの特質と機能——個と地域の一体的支援の展開に向けて——」『ソーシャルワーク研究』第37巻1号、ソーシャルワーク研究所、相川書房。

大野紀代（2011）「生い立ちの整理」全国児童養護施設協議会『児童養護』第42巻第4号、全国社会福祉協議会。

川﨑二三彦（2013）「児童相談所とは」相澤仁・川﨑二三彦編『児童相談所・関係機関や地域との連携・協働』明石書店。

河尻恵（2011）「社会的養護における『育ち』『育て』研究会の取り組み」全国児童養護施設協議会『児童養護』第42巻第4号、全国社会福祉協議会。

神戸信行（2013）「教育・医療・保健・司法機関などとの連携」相澤仁・川﨑二三彦編、前掲書。

厚生労働省（2011）児童養護施設等の社会的養護の課題に関する検討委員会・社会保障審議会児童部会社会的養護専門委員会とりまとめ『社会的養護の課題と将来像』。

厚生労働省（2012）厚生労働省雇用均等・児童家庭局長通知『児童養護施設運営指針』。

厚生労働省（2017）『福祉行政報告例の概況』。

才村眞理（2006）「家庭的養護の理念と里親制度」望月彰編『子どもの社会的養護――出会いと希望のかけはし――』建帛社。

全国児童養護施設協議会制度検討特別委員会小委員会（2003）『子どもを未来とするために――児童養護施設の近未来――（児童養護施設近未来像Ⅱ報告書）』全国社会福祉協議会。

日本保育ソーシャルワーク学会編（2014）『保育ソーシャルワークの世界――理論と実践――』晃洋書房。

望月彰（2004）『自立支援の児童養護論――施設で暮らす子どもの生活と権利――』ミネルヴァ書房。

文部科学省（2010）『生徒指導提要』。

山辺朗子著（2011）『ジェネラリスト・ソーシャルワークの基盤と展開――総合的包括的な支援の確立に向けて――』ミネルヴァ書房。

第5章
保育者に対するスーパービジョンと保育実践への支援

はじめに

　保育施設の保育者の役割として、家庭保育の補完的役割（保育に欠ける[1]子どもの保育）から、現在では、保護者支援や地域の子育て支援といった、子育て全体の社会的役割が増えている。また、社会環境の変化や多様化する家族構成等から、子どもの生活環境に歪みが生じてきている状況にある。

　厚生労働省（2016）の報告[2]によると、2015年の子どもの貧困率は13.9％で、前回調査（2012）に比べ2.4％減少したものの、現在もなお、子どもの7人に1人が貧困の状況にある。また、子どもの貧困率の数値だけでは可視化されてこない「子どもの見えない貧困」が、社会問題となっている。さらに、厚生労働省（2017）の報告[3]によると、2016年度に児童相談所が対応した児童虐待相談件数は12万2578件（速報値）、2013年度以降、身体虐待よりも、子どもの面前DV[4]による心理的虐待による相談件数の割合が高いことが報告されている。子どもの学齢期の諸問題としては、いじめや不登校等が増加傾向[5]にある。

　以上からも、日々、乳幼児期の子どもと保護者に関わる機会の多い保育施設の保育者には、ソーシャルワークの視点による、早期発見・早期対応が期待されている。しかしながら、保育施設では、新たに保育現場で早期発見・早期対応する以前から、すでに特別なニーズがあり特別な対応を必要とされる子どものケースや保護者ケースを抱えている状況もあり、子どもや保育者の対応に苦慮し負担を感じ、バーンアウトに陥る保育者もいる状況である[6]。

　また、児童養護施設においても、2013年現在、入所児童全体の59.5％が被虐待経験有の児童であり[7]、入所児童全体の28.5％が、障害等のある児童である[8]。国は、家庭的養育をめざして、児童養護施設の小規模化を進めているが、その結果、施設の密室化による職員のケースの抱え込みも危惧されている。児童養

護施設の保育者もまた、関わりの難しい子どもの対応に苦慮し、負担を感じていることが多い。

　本章では、保育者自身の質の向上だけでなく保育者自身の負担の軽減や組織全体のチーム力の向上にもなり得る、間接的な支援のソーシャルワーク・スーパービジョン（以下、スーパービジョン）と直接的な支援の保育実践への支援について取り上げる。

1 ｜ 保育現場におけるスーパービジョン

　スーパービジョン（Supervision）の動詞形は、「注意深く観察する（supervises）」である。また、ラテン語では「super（上）」と「visus（見る）」という言葉で構成されている。スーパービジョンとは、対人援助職が成長していくために指導者から教育を受ける教育手法の１つである。指導者のことをスーパーバイザー、指導を受ける援助職をスーパーバイシーと呼ぶ。以下、保育現場におけるスーパービジョン実践のおよそ具体的なイメージを示し、スーパービジョンの意義や方法をまとめる。

（１）保育現場におけるスーパービジョンとは

　保育現場におけるスーパービジョンのイメージとしては、経験が豊富である、園長（施設長）や主任が、各施設の所属職員に対して、１対１で助言・指導を実施する、というのを想像するかもしれないが、スーパービジョンには、「個人スーパービジョン」「グループ・スーパービジョン」「ピア・スーパービジョン」の３つがある。これらを保育現場に置き換えるとすると、「個人スーパービジョン」については、例えば、園長（施設長）や主任がスーパーバイザーを務め、職員がスーパーバイシーとして、「１対１」による、助言・指導を受ける形態となる。「グループ・スーパービジョン」については、園長（施設長）や主任等がスーパーバイザーを務め、複数の職員がスーパーバイシーとして、「１対集団」による助言・指導を受ける形態となる。「ピア・スーパービジョン」については、ピア（仲間）によるスーパービジョン、本来、スーパービジョンには、スーパーバイザーが介在するが、「ピア関係」におけるスーパービジョンであるため、原則、スーパーバイザーの介在はない。形態も１対１であったり、１対集団であったり、様々ではあるが、多くのピア・スーパービ

ジョンは、ケース（事例）を提供する者とケースを検討する複数の者で実施される。保育現場では、ケース会議や事例検討会が、これに該当する。

（2）保育現場におけるスーパービジョンの意義

社会状況の変化や子どもの環境の変化から、子どもの貧困問題、児童虐待・DV（ドメスティックバイオレンス）、その他、様々な問題を抱えている家庭の中で育つ児童が増えている。そのため、当該児童や家庭を支援する保育者が、対応に疲弊しバーンアウトに陥ることも少なくない。小林幸平ら（2006, 563-569）宮下敏恵（2008, 177-186）の調査によると、園内の人間関係問題、保護者との関係といった子ども理解や子どもの対応とは直接関係のない部分が、保育者のストレスになっていると報告されている。カデューシン（A. Kadushin, 2002）によると、スーパービジョンの機能には、「支持的機能」「教育的機能」「管理的機能」の３つの機能がある。保育現場において、これらのスーパービジョンの機能を発揮させることで、職員のバーンアウトの予防、職員の自己覚知の促進、理論と実践を結び付けることができる力の養成、施設内の人間関係の改善、チーム力（組織力）を高める、といった効果が期待される。

（3）保育現場におけるスーパービジョンの方法

スーパービジョンの３つの方法（個人スーパービジョン、グループ・スーパービジョン、ピア・スーパービジョン）について、保育現場の場面と照らし合わせてまとめる。

①個人スーパービジョン

個人スーパービジョンでは、図５-１のようにスーパーバイザーとスーパーバイジー２者間で、定期的、若しくはスーパーバイジーが求めた時に実施され

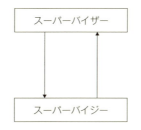

図５-１　個人スーパービジョン

る。スーパーバイザーは、スーパーバイジーよりも、経験値や知識値の優れた者(保育現場では、経験豊富である園長や主任、全国保育士会の「保育スーパーバイザー研修」の研修を受講した者等)が担うことが多い。スーパーバイザーは、スーパーバイジーの悩みや不安を受け止めて支援する(支持的機能)。スーパーバイジーの不足している知識や技術部分を明確にしていき、助言指導・教育する(教育的機能)。職務や役割、援助の計画性、理論や情報、技術の活用などを確認する(管理的機能)。保育(援助)を共に展開しながら、実施されることもあり、これを「ライブスーパービジョン」という。保育現場では、日々の保育実践の中で「ライブスーパービジョン」が実施される場面も多くあることが予想される。スーパーバイザーは、支配的にならないこと、スーパーバイジーの状況をしっかりと受け止め、適切な助言・指導ができる冷静さが必要となる。反面、常に完璧なものを求める姿勢を取るのではなく、特にライブスーパービジョンの場面においては、時にスーパーバイジー自身も苦労しながら関わる姿を見せることも大事である。

② グループ・スーパービジョン

グループ・スーパービジョンでは、図5-2のように、複数のスーパーバイジーが、同時にスーパービジョンを受ける。方法としては、スーパーバイザーやスーパーバイジーから、危機的状況場面や問題発生場面等、スーパーバイジーが希望した場面やスーパーバイザーがスーパーバイジーに伝えるべき事項のある場面を選択し提示して、その場面の対応について、各スーパービバイシーが意見を出し合った後に、スーパーバイザーから助言・指導を受けるといった方法がある。スーパーバイザーを担うのは、個人スーパーバイザーと同じく経験値や知識値の優れた者が担う。時に、外部の研究機関の有識者や専門家を、スーパーバイザーとして依頼することもあるが、異なる分野の専門家か

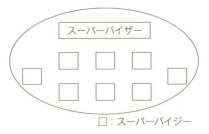

図5-2　グループ・スーパービジョン

らの助言・指導を受ける場合は、スーパービジョンではなく、コンサルテーションとなる。保育現場で、医師に子どもの病気や発達について助言・指導を受ける、心理士に子どもの心のケアについて相談し助言・指導を受ける等、こうした場合は、コンサルテーションである。スーパーバイザーは、個人スーパービジョンと同じく支配的にはならないこと（支持的機能）、スーパーバイジー各自が発言しやすい場の設定、グループ（集団）という状況を活用し、正しい知識の尊重や誤った知識の是正（教育的機能）、チーム力（組織力）の向上を意識する（管理的機能）ことが重要である。保育現場では、職員会議の少しの時間や園内外の研修機会を活用し、園長（施設長）や主任がスーパーバイザーとなり、日頃の問題・課題解決を図る、グループ・スーパービジョンが展開されている。

③ ピア・スーパービジョン

ピア・スーパービジョンは、図5-3のように、スーパーバイザーが介在しない。ピア（仲間）集団（1対1など少人数の場合もある）によって構成されて、ほとんどの場合、ケース（事例・悩み事等）を提供する者とケースを検討する者（複数の場合あり）で実施される。スーパーバイザー不介在の状況で進行されるため、課題点や問題点ばかりが表出され、改善や解決まで至らないこともあるが、ピア集団で検討しあうことで、チームとしての結束が強まる。反面、意見が分散してしまう等、難易度が高い実践になる可能性は否めない。自主的に保育者仲間が集まり、事例検討会や研究会を開催し、ピア・スーパービジョンを実施している事例もある。

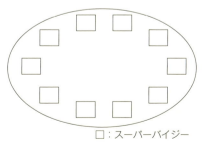

□：スーパーバイジー

図5-3　ピア・スーパービジョン

2 | 保育者に対するスーパービジョンの実際

保育者に対するスーパービジョンについて、保育施設(保育所等)、地域子育て支援拠点事業(子育て広場事業)、児童養護施設、各施設の実践例を基に、保育者に対するスーパービジョンの実際とスーパービジョンの機能効果を、まとめる。

(1) 保育施設におけるスーパービジョン

A保育園では、毎月の職員会議終了後の20分程度を利用して、園長若しくは主任がスーパーバイザーを担い、グループ・スーパービジョンを展開、実践している。(図5-4)

〈目的〉
　園内の危機管理対応の理解と共通認識
〈対象〉
　全職員(園長・主任・保育士)
〈形式〉
　グループ・スーパービジョン
〈実践機会〉
　職員会議の終了後の20分程度を活用
〈実践内容〉
　主に危機的場面を想定して、どのように動くかを、経験値の浅い保育士から

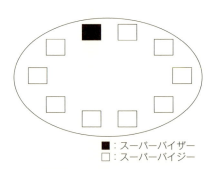

図5-4　保育施設におけるグループ・スーパービジョン

順々に考えを出し、園長若しくは主任が園としての対応をとりまとめて終了する。過去に実施した内容としては、延長保育時間帯の急病対応、アレルギー反応が出た子どもの対応（「エピペン®」[10]の使用方法の確認を含む）、園外活動時の緊急対応等がある。

〈実践効果〉
・園内保育士の各場面における対応状況や発想力、理解度が互いに確認できる。結果、スーパービジョンの管理的機能が発揮され、それぞれの役割やチーム力を高めることができた。
・職員全員で、１人１人の発言を受容しながらスーパービジョンが進んでいくので、スーパービジョンの支持的機能が発揮されていく。
・経験値の浅い保育士から発言していくことで、最初から模範的解答を得られないことが多いことから、スーパービジョンの教育的機能が発揮され、危機に直面した時に、保育者自身が自分で考え行動すること等を学ぶことができた。

（２）地域子育て支援拠点事業におけるスーパービジョン
〈B地域子育て支援センターでの実践事例〉
　B地域子育て支援センターでは、子育て支援企画を持ち回りで計画している。実践前後に、事前打ち合わせや反省会とは別に、ピア・スーパービジョンを実施している。事前打ち合わせや反省会だけでは、じっくりと話し合う時間があまりないことから自主的に始まった。全ての企画内容について、スーパービジョンを実践しているわけではなく、企画者が希望した時に、随時開催している。

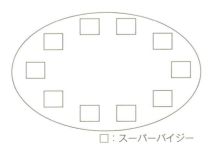

図５-５　地域子育て支援センターにおけるピア・スーパービジョン

〈目的〉
　企画実践前：子育て支援企画内容の周知と理解
　企画実践後：子育て支援実践後のふりかえり・次企画への展望
〈対象〉
　企画者・実践スタッフ
〈形式〉
　ピア・スーパービジョン
〈実践機会〉
　実践3日前・実践後3日以内を目安として開催
〈実践内容〉
　① 企画実践前、計画書を基に、企画内容を確認する。
　② 企画の改善点や変更点を検討する。
　③ 企画の実践終了後、振り返りを実施し次計画に向けての改善点を検討する。過去に実践した検討企画「夏祭り企画」「離乳食教室」「孫育て教室」等。
〈実践効果〉
・新企画を計画した時は、特に企画に不安がある。スーパービジョンを介し企画がスタッフに理解され、スーパービジョンの支持的機能が発揮され、企画者自身の不安が取り除かれる。
・定期開催やシリーズ化している企画についても、スーパービジョンを実践することで、スーパービジョンの管理的機能が発揮され、徐々にチーム力が向上している。
・企画を実践した結果、経験した「ヒハリハット」や「リスクマネジメント」の必要性について学び、共有することで、スーパービジョンの教育的機能と管理的機能が発揮される。

（3）児童養護施設におけるスーパービジョン
〈C児童養護施設における実践事例〉
　C児童養護施設では、各ユニット内での事例検討会を開催しピア・スーパービジョンを実施し、ユニット内での解決が困難なケースについては、スーパーバイザーが介在する、施設全体のグループ・スーパービジョンで検討している。

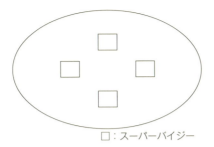

図5-6　児童養護施設におけるピア・スーパービジョン

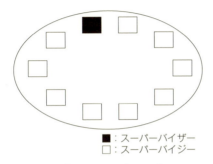

■：スーパーバイザー
□：スーパーバイジー

図5-7　児童養護施設におけるグループ・スーパービジョン

〈目的〉
　ユニット内での情報共有と問題解決力を高める。
〈対象〉
　ユニットメンバー（保育者・児童指導員）
〈形式〉
　ピア・スーパービジョン（図5-6）
　グループ・スーパービジョン（図5-7）
〈実践機会〉
　問題が発生したら随時実践
〈実践内容〉
　ユニット内の児童に問題行動の表れがあった時等に、随時開催している。過去に実践した内容は、ユニット内児童の「夜尿症」「登校しぶり」等がある。
〈実践効果〉
　・スーパービジョンの支持的機能が発揮され、児童の担当者が1人で抱え込

むことが減少した。
・経験値の浅い職員にとって、スーパービジョンの教育的機能が発揮され、子どもへの対応力が向上する。
・スーパービジョンの回を重ねることで、スーパービジョンの管理的機能が発揮され、ユニット内ルールが明確になり、ユニット内職員のチーム力が向上していく。

3 保育実践への支援

　保育実践とは、子どもへの保育（ケアワーク：直接的な支援）を示す。保育とは、子どもの育ちを保つ、子どもの育ちを保障することである。保育の目的には、「養護的」と「教育的」の2つ働きがある。「養護」とは、生命の保持と情緒の安定をはかるための働きかけであり、「教育」とは、子どもの人間的発達の援助である。
　また、近年、保育者の役割は、子どもへの保育実践のみならず、保護者への支援や保育現場を拠点とした地域における子育て支援に及んでいることから、以下、子どもへの保育実践に対する支援だけではなく、保護者への子育て支援実践への支援、地域における子育て支援実践への支援について取り上げる。

（1）子どもへの保育実践への支援（図5-8）

　保育者の最も重要な役割といえる。子どもは、人との関係性や遊び等の経験を通じて、社会に対応できる人に成長していく。乳幼児期については、保育所保育指針・幼稚園教育要領・幼保連携型認定こども園教育・保育要領で示されている、5つの保育領域である、健康・人間関係・環境・言葉・表現のねらいや内容を組み合わせて「保育」は、実践される。保育実践への支援の状況としては、図5-8のように、保育者が子どもに対して保育を実践していく中で、後方支援の保育者が、保育者と子ども（単独若しくは集団）に対して、それぞれ支援をしていく状況にある。先述した個人スーパービジョンと大きく違うのは、ほぼ支援者から子どもへの介入も同時に実施されることである。保育養成校で「保育士」等の資格を取得した新任保育者については、養成校在学中に、演習授業や実習授業を通して、ある程度の実践力を培っていることが想定されるが、保育士国家試験による資格取得者や研修により子育て支援員となった保育者は、

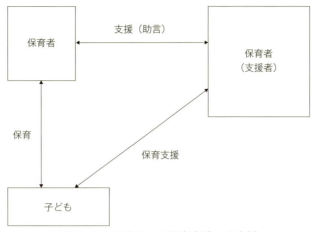

図5-8　子どもへの保育実践への支援

個々の経験値にもよるが、保育実践力が乏しいことも想定される。また、保育施設によって、理念や方針が違うことから、戸惑う新任保育者も多い。そのため、特に赴任して1～2年目の保育者への保育実践についての支援は欠かせない。先に述べたスーパービジョンにも関連してくるが、支持的な状況にならないように配慮し、保育実践が上手く進まない時も見守る姿勢が必要であり、また、子どもの年齢に応じた保育実践を一緒に考えるなどの支援も大事である。

(2) 保護者への子育て支援実践への支援 (図5-9)

保護者への子育て支援実践は、図5-9のように、子どもへの保育を実践していくのと同時に、保護者への支援をしていく状況になる。時に、保育者の中には、経験値や保護者の状況についての情報不足によって、保護者の気持ちに寄り添えず、つい指導型の助言指導をしてしまうこともあるかもしれない。保護者の気持ちや状況をしっかりと受け止めて、援助型の助言指導ができるように心がけたい。また、保護者への子育て支援実践への対応に困った時には、担当保育者1人が、抱え込むことがないようにしておきたい。

(3) 地域における子育て支援実践への支援 (図5-10)

地域における子育て支援実践について、普段、関わりが薄い、子どもへの保育実践や保護者への子育て支援実践になることから、まずは、相互の良好なコ

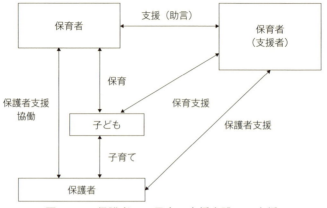

図5-9　保護者への子育て支援実践への支援

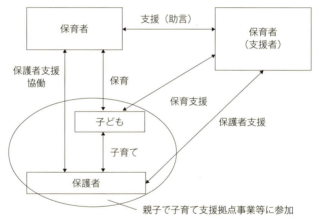

図5-10　地域における子育て支援実施への支援

ミュニケーションを取ることを第一目標にして、関わりをもつことが重要である。子どもに対する遊びを通したコミュニケーション技術だけでなく、保護者に対するコミュニケーション技術についても獲得しておく必要がある。どちらのコミュニケーションにおいても上手くいかなかった場合に、フォローを入れられる体制づくりが大切である。

4 ｜まとめ

　子どもの環境変化に伴う複雑なケースへの対応に備えるために、保育者自身の質の向上や保育者自身の負担の軽減や組織全体のチーム力の向上を目指した保育者への教育実践である、「スーパービジョン」と「保育実践」への支援について、保育現場での場面や事例等を踏まえ述べてきた。保育者への保育実践支援については、ベテラン保育者から新任保育者への支援等、今までの多くの保育場面の中で実践されてきたと考えられる。子育て支援実践の支援については、以前から子どもへの保育と共に保護者への支援は実践されてきていたものの、法制度的には、1997年の児童福祉法の改正によって「保育に関する相談に応じ、助言を行う」という努力義務が、第48条の2に示されてからになるため、制度的には、年数が浅い。地域子育て支援については、さらにその後、保育所保育指針（2008）によって制度化されてきたものである。スーパービジョンについては、実践事例を見ていくと、多くの保育場面で実践されているものの、スーパービジョンとしての「意識」を持たずに実践されてきていることが示唆される。その結果、十分なスーパービジョンの機能が発揮されていない可能性が考えられる。

　本章で、スーパービジョンの実際の事例等をあげていくと、スーパービジョンとして意識していないものの、普段の保育や子育て支援の場面で、すでに実践されているものも多く見受けられた。このことからも、今後、スーパービジョンとしての意識を持って実践していくことで、スーパービジョンの3つの機能をより発揮させていくことができるのではないかと考えらえる。スーパービジョンとしての意識を持って実践していくためには、今後、さらに、保育現場におけるスーパービジョンの体系等をまとめていく必要がある。また、今回、保育実践支援を、子どもや保護者への直接支援として、スーパービジョンを指導者（スーパーバイザー）から保育者（スーパーバイジー）への間接的支援として、捉えまとめてきたが、この2つの教育実践方法についての関係性や方法のプロセスやプログラムの開発も、同時に進めていくことが必要であると考えられる。

おわりに

　現在、都市部を中心に、待機児童問題が慢性化している状況にある。そのため、国は保育施設の増加や幼保一体化等の保育サービスの整備等に積極的である。また、保育サービス事業主も、社会福祉法人や学校法人だけでなく、株式会社やNPO等が参入している。さらに内閣府によって、2016年4月から創設された「企業主導型保育事業」等、新しい形の保育施設も増加している状況にある。そのような状況下、各都道府県で、保育士（保育者）不足も深刻な状況になっている。

　保育者（保育士）の給料待遇の改善等、保育者（保育士）の増加政策も動き始めているが、保育者を増やすことに視点が集中していて、保育の質の向上については、置き去りになっているところも見受けられる。子どもは、未来を背負う大事な存在であり、乳幼児期の保育や保護者等への子育て支援は、後々の子どもの未来を左右することも多いため、子どもの将来を見据えた、より丁寧な保育や子育て支援の実践に向けたシステムを構築できるようにしていきたい。

注
1）平成27年児童福祉法の改正によって、第39条の「保育所の定義」が改正されている。現在は、「保育に欠ける」から「保育を必要とする」に改正されている。
2）厚生労働省（2016）「平成28年度国民基礎調査の概要」による報告である。
3）厚生労働省（2017）福祉行政報告例（速報値）によるものである。
4）面前DVとは、配偶者間の暴力等を子どもが目視することをいう。平成16年度の「児童虐待の防止等に関する法律（児童虐待防止法）」の改正により、面前DVも「心理的虐待」として定義されることになった。DV相談を受理した警察から児童相談所への相談・通報が増加している。
5）文部科学省（2017）「児童生徒の問題行動・不登校等生活指導の諸問題に関する調査（速報値）」によると、平成28年度のいじめの認知件数は、32万3808件（前年度比：9万6676件増）であり、不登校児童生徒数13万4398人（前年度比：8407人増）であり、いずれも増加傾向にある。
6）バーンアウト（燃え尽き症候群）とは、対人援助職に特徴的である職業性ストレス反応のことである。
7）厚生労働省雇用均等・児童家庭局（2015）「児童養護施設入所児童等調査結果（平成25年2月1日現在）」の報告では、児童養護施設に入所している2万9979人中、1万7850人に「被虐待経験有」で、入所児童全体の59.5％である。

8）厚生労働省雇用均等・児童家庭局（2015）「児童養護施設入所児童等調査結果（平成25年2月1日現在）」の報告では、児童養護施設に入所している2万9979人中、8558人が「障害等有」で、入所児童全体の28.5％で、前回調査（平成20年2月1日）では23.4％であり増加傾向にある。
9）実践事例は、実際に各施設で実践されている実践事例である。施設名や個人等が特定されないよう配慮することを条件に各施設に掲載の了承を得ている。
10）「エピペン®」とは、アドレナリン自己注射製剤「エピペン®」のことであり、アナフィラキシーショックのようなアレルギー症状を引き起こす可能性のある患者に、症状を緩和させるために使う緊急補助治療薬である。

引用・参考文献

伊藤良高・永野典詞・中谷彪編（2011）『保育ソーシャルワークのフロンティア』晃洋書房。
一般社会法人日本社会福祉教育学校連盟（2015）『ソーシャルワーク・スーパービジョン論』中央法規出版株式会社。
小林幸平・箱田琢磨・小山智典・小山明日香・栗田広（2006）「保育士におけるバーンアウトとその関連要員の検討」『臨床精神医学』第35巻。
福山和女（2005）『ソーシャルワークのスーパービジョン 人の理解の探求』ミネルヴァ書房。
宮下敏恵（2010）「保育士におけるバーンアウト傾向に及ぼす要因の検討」『上越教育大学研究紀要』第29巻。
日本保育ソーシャルワーク学会編（2014）『保育ソーシャルワークの世界——理論と実践——』晃洋書房。
山辺朗子（2015）『ジェネラリスト・ソーシャルワークにもとづく社会福祉のスーパービジョン——その理論と実践——』ミネルヴァ書房。
若宮邦彦（2015）「保育スーパービジョンの理論と動向」『南九州大学人間発達研究』第5巻、pp.87-92。

第Ⅱ部　保育ソーシャルワークの方法と実践

第6章
保育ソーシャルワークの展開過程

はじめに

　近年、保育所における相談支援の内容はより複雑さを増している。鶴宏史らの調査によると、「保護者は保育所や保育士への信頼を高め、保護者の子育てに関する悩みだけでなく、それ以外のさまざまな生活上の悩みを保育士に相談すること」（鶴ら、2017、36）が示されており、保育所は子育てに関する以外の保護者や家庭が抱える生活問題に対応している現状にある。

　こうした背景を踏まえ、保育ソーシャルワーク研究は、「ソーシャルワーク論の保育への単なる適応ではなく、保育の原理や固有性を踏まえた独自の理論、実践」（伊藤、2011、15）を構築することを目指し、「保育現場の現状や保育者の感覚にフィットした理論と実践モデルを提供していく」（伊藤ら、2012、5）ことが求められている。

　ソーシャルワークの理論と技術の体系は、今日の複雑化する生活問題に対応するために、その実践の在り方がジェネラリスト・ソーシャルワークへと移行しつつある。ジェネラリスト・ソーシャルとは、必要と判断される援助内容を複合的に実施していくことができる柔軟性かつ創造力をもったソーシャルの枠組みであり、特に「クライエントの抱える問題の解決・改善とともに、クライエントの強さ・長所（ストレングス）を見出し、クライエントにその自覚化を促しながら対処能力を含む社会的機能（欲求を他システムとの相互作用を通じて充足していく能力とその働き）の回復・促進・強化を目指す」（岩間、2014、53）ことが強調されている。今日のソーシャルワークの動向を踏まえれば今後、保育ソーシャルワーク研究においてジェネラリスト・ソーシャルワークの理論的体系が深く関連することは明らかであり、保護者の主体的な問題解決と家庭環境を含めたエンパワメントを志向する保育ソーシャルワークの実践モデルが広く検討されると考えられる。

ジェネラリスト・ソーシャルワークを含め、いかなるソーシャルワークの理論に拠って立つ実践にしても、その展開には、支援活動の時間的順序にしたがっての展開過程というものがある。ソーシャルワークの教科書において、支援の初期、インテーク過程、導入部分、また面接の初期、中期、終結期といったように時間的順序にしたがってその過程を分析しているのはそのためである。

　本章では、複雑な問題を解きほぐしながら保護者の問題解決力を高める保育ソーシャルワークの展開過程を、支援における「問題解決の時間軸」という概念として提起し、具体的な支援の方法論を検討することが目的である。保育現場にフィットしたソーシャルワークの普遍的な適応を目指して保育ソーシャルワークの理論的な整合性を追求するにあたって、実践のガイドは理論を支援活動の時間的展開に即して並び直す必要があると考える。保育を含めた社会福祉における支援活動は、極めて個別的な支援の課題をめぐって、サービスの組織、制度や支援者の力量、さらに地域の諸資源の状況までを考慮に入れた展開が求められるからである。しかし、その中心になる「支援における時間」の問題は、これまで保育ソーシャルワーク研究のなかで取り扱われてはこなかった。本章は、特にそこに焦点を当てて検討したい。

1 ソーシャルワークと保育における支援の展開過程

（1）ケアワークとしての保育とソーシャルワークの関係性

　これまで保育ソーシャルワーク研究において、その実践を誰が担うのかという議論がなされてきた。例えば、保育士がソーシャルワークを担うことができるのか、保育士と社会福祉士の両資格を持つものが担うべきではないか、ソーシャルワーカーを保育所に配置すべきではないか、などの論点がある。そのような論点を整理するなかで、土田美世子は「保育士が社会福祉の専門職として拠って立つ価値は、子どもの最善の利益の実現である。そのため保育の専門性は、子どもへのケアや教育的指導にとどまらず、保護者の生活との関わりを含めたうえで、生活の全体から子どもを見通したケアワークを発揮することが求められる」と述べた上で、「子どもの生活全体のなかに保育所の生活を位置づけ、保護者のウェルビーイングと子どものウェルビーイングの関わりの中でその生育環境を最適なものにするためには、子どもに対する働きかけだけではなく、保護者を始めとする子どもの環境への働きかけが必要となる。この人と環

境への働きかけはソーシャルワークの視点であり、保育士がケアワークを実施するには、ケアワークを最適な形で実現するためのソーシャルワークが必要なのである」（土田、2012、90）という見解を示している。つまり、保育というケアワークとソーシャルワークの両者の関係は基本的には相互性があり、保育の専門性を踏まえたケアワークが展開されるとき、ソーシャルワークの知見を援用して展開されるものであるといえる。

本章においても保育ソーシャルワークを、個々の保育士がソーシャルワーカーとなるというよりも、保育所全体の働きとして提供されるものとして捉え、子どもの生活の全体性を視野に入れ、その主体的側面から、子どもの権利実現のために保護者とパートナーシップを組み、ケアワークとソーシャルワークの相互性のなかで、保育所の生活と関わる範囲で子どもの生育環境を最適なものにしていく取り組みの総体であるとして捉えていく。このような視点が、「保育現場の現状や保育者の感覚にフィットした理論と実践モデルを提供していく」（伊藤ら、2012、5）ことにとながると考えるからである。

（2）ソーシャルワークと保育の展開過程と相互性

保育とソーシャルワークの実践は、そのアプローチ方法は異なってはいるもののその枠組みは共通している。基本的な価値体系と受容的な傾聴の技能、共感的相互理解や情緒表現の受け止め方の技法、主体的な努力を励まし強化するための技法、自己決定に関する基本的原則などは、常に必要とされる部分であり、すべての福祉専門職の基盤であるともいえる。

こうした、実践の価値と技術的構造を基に、ある一定の展開過程を踏んで時間的順序にしたがって支援は進められていく。表6-1はソーシャルワークと保育の領域における課題解決の取り組みのプロセスを整理したものである。それぞれのカバーする範囲は異なるものの、いずれの領域においても、そのプロセスは、ニーズや課題の把握→目標の明確化→活動の展開（介入）→振り返りと評価→計画の見直し・今後の課題→計画の改善・次の計画の作成という流れが基本である。それぞれの領域の専門的特性を十分に理解し、保育とソーシャルワークの相互性のなかで援用し、支援の展開を考えることが求められる。

また、展開過程のみならず具体的な支援場面において用いられる援助技術も一定の時間的順序がある。例えば、共感的理解あるいはラポールの形成といった1つを取り上げてみても、そこには予備的（準備的）共感といった資料に基

表6-1 ソーシャルワークと保育の展開過程

	ソーシャルワーク（社会的関係の調整）	保育の計画と実践（養護と発達援助）	保育指導・相談助言（子育てにおける関係調整）
受理	〈インテーク〉 ・受理アセスメント ・情報収集 ↓	〈保育課程の編成〉 ・保育理念と目的 ・保育観、子ども観 ↓	〈依頼〉 ・保護者からの依頼 ・保育士からの働きかけ ・通告義務（疑いの段階での早期連絡） ↓
アセスメント	〈アセスメント〉 ・面接 ・ケース・カンファレンス ・ニーズや課題の明確化 ・情報の共有 ・リスクマネジメント ↓	〈入所/進級時面談・観察〉 ・保護者の生活状況や意向 ・子どもの健康や性格特性、成育歴、生活状況等 ・地域や生活環境　など ↓	〈情報の収集、分析〉 ・観察、面談等による ・保護者の生活状況や意向 ・子どもの健康や性格特性、成育歴、生活状況等 ・地域や生活環境　など ↓
プランニング	〈プランニング〉 ・支援目標の設定 ・支援計画の作成 ・地域の社会資源の活用 ・専門機関と連携 ↓	〈指導計画・個別計画作成〉 ・保育カンファとマネージメント ・保育目標やねらいの設定 ・長期計画の作成 ・短期計画、個別計画 ・地域資源の活用、連携 ↓	〈個別計画の作成〉 ・専門職を交えたカンファレンス ・支援目標の設定 ・支援計画の作成 ・職員の共通理解と連携 ・地域や専門職との連携 ↓
支援・介入	〈インターベンション〉 ・生活、養育環境の整備 ・保護者への支援 ・経過観察、保護、支援 ↓ 〈ケース・カンファレンス〉 ・事例検討 ・スーパーバイズ ・コンサルテーション ↓	〈保育の実践〉 ・子どもの活動の展開 ・保育士の援助、かかわり ・環境の設定、再構成 ・保育記録の作成 ↓ 〈保育カンファレンス・研究保育・実践研究会〉 ・エピソード記録の省察 ・子どもの内面のよみとり ・保育士の援助の考察 ・環境構成の見直し ↓	〈支援活動・相談助言〉 ・情緒的サポート ・プログラムの提供 ・情報提供、場の提供 ・ネットワークづくり ↓ 〈ケース・カンファレンス〉 ・事例検討 ・スーパービジョン ・コンサルテーション ↓
モニタリング・評価	〈モニタリング〉 ・点検と評価（カンファレンス） ・再アセスメント ・再プランニング ↓	〈反省・評価〉 ・エピソード記録の作成 ・ねらいの達成度 ・保育の過程における援助、子どもの育ちの評価 ・保護者の意向の充足度 ↓	〈反省・評価〉 ・ねらいの達成度 ・支援方法の妥当性 ・かかわりの適切性 ・人とのかかわりと変化 ・環境の適切性 ・保護者の意向の充実度 ↓

改善	〈エヴァリエーション〉 ・効果測定と評価 ・残された課題 〈改善〉 ・フォローアップ ↓	〈保育の計画の改善〉 ・残された課題 ・計画の見直し ↓	〈見直し〉 ・残された課題 ・フォローアップ ↓

出所：寺見陽子（2014）「保育相談支援の実際」一般財団法人　全国保育士養成協議会現代保育研究所編『相談支援』一般財団法人全国保育士養成協議会、p.176を一部改変。

づく心の準備から、初期に重視される「波長合わせ」があり、さらに支援課題を適切な時期に簡明な言葉で表す「焦点合わせ」のタイミングがある。こうした時間的展開を追うことによって支援の過程を描くことができ、その流れに即したモニタリングと事例検討などの有効性をもつことができる。

　これらの技術は、ソーシャルワークの基本的な技術であるが、保育において子どもや保護者を共感的受容的に理解し、その思いや課題に沿うかかわりや支援を実践している保育者にとっては、保育における経験や技術と通じるものがある。こうした保育の専門性を基盤にソーシャルワークとの相互性のなかで保育ソーシャルワークが展開されることが期待される。

（3）支援における「時間・期間」の明確化

　支援者は、クライエント（以下、保護者）の個別性、解決を迫られている課題の種類、その社会的広がりや制度的、社会的資源の有無によってもっとも効果的な支援方法を考え、どのソーシャルワーク理論やアプローチ方法を用いるのかを検討しなければならない。その際の重要な規定要因となるのが、支援のために用いることのできる時間である。言い換えれば、支援において「時間・期間」を明確に定めることの必要性が求められる。

　支援において目標、方法、期間の3つをセットにして、適用すべきソーシャルワークの理論およびアプローチ方法を検討する際の基準にすべきであることを強調したい（図6-1）。これまで、支援の実施にあたって「時間・期間」というものがあまり重視されることはなかった。例えば、「家族の関係調整」「育児不安の軽減」「子どもの障害受容」などの漠然とした支援目標を、保護者の動きに添いながら、次々に出てくる新しい問題に対処するなかで、いつしか支援の目標と方向性を見失い、終わりなき支援の悪循環に陥ってしまうケースなどがあげられる。

支援の進展に伴って、新たな課題との遭遇、季節の変化と共に求められる環境整備、子どの発達による対処方法の変化と対応は延々と求められる。一方で、時間的経過のなで、喪失体験からの立ち直りや、新しい職場や人間関係の広がり、支援を通しての改善など、一定の時間経過のなかで回復ともいえる変化もある。保育ソーシャルワークでの対応の多くは、保育所を退所した後や、ライフ・ステージの変化によって、他の機関やワーカーに受け継がれることが一般的である。これはサービスの継続性という意味では重要なことではあるが、ともすれば提供される支援が固定化し、保護者のニーズの認識が不十分なままにモニタリングがないがしろにされたり、一貫して行われてきた支援が担当者や機関が変わることによって全く違った内容に変更されてしまうことにつながってしまうこともある。

こうした事態を防ぐためにも、支援の期間は、支援課題と選択された支援方法との相互関連のなかで検討されるべきである。それは、先を見通した支援での今、ここにある課題を明確にすることにつながり、それぞれの機関の役割と支援の方向性を統一するためにも重要である。特に、保護者の主体的な問題解決と家庭環境を含めたエンパワメントを志向する保育ソーシャルワークの実践では、保護者の力を見極め、一定の期間で区切った支援目標の明確化と、効果の測定は重要となる。支援目標は現実的なものでなければ意味がなく、その核となる「時間・期間」というものは、保育ソーシャルワークの実践において重視されなくてはならない。

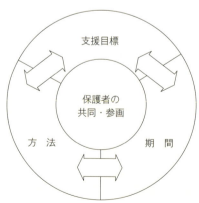

図6-1　支援内容（目標・方法・期間）の設定の概念

2 アセスメントにおける問題の構造的理解と支援課題

（1）支援の展開を左右するアセスメント

さて、具体的な支援展開にあたって、その後の支援を大きく左右するのがアセスメントである。窪田暁子は、「地域福祉の重要な拠点である通所サービスにおいても、家庭にいるときにその人がどういう生活をしているのかを知ることによって適切なプログラミングができる」（窪田、1992、58）とし、日中に施設を利用している姿に主眼してしまう傾向にある通所施設での支援において、生活の多面性、多様性、複雑性を的確に捉えることの重要性を指摘している。

伊藤利恵らの調査によると、保育士が子どもや保護者とのコミュニケーションを通して「家庭と保育所の生活の連続性や信頼関係の構築性を重視していることが確認できた」としながらも、その一方で、保育士のアセスメントには課題が残ることを指摘している（伊藤・渡辺、2008、23）。ソーシャルワークの視点を用いたアセスメントの特徴として、生活の全体性を視野に入れることが挙げられるが、この点において保育士のもつ視野は狭い傾向にあると山縣文治は指摘する（山縣、2011、10）[3]。

保育士とソーシャルワーカーの基礎となる専門性が異なるため、それらの違いが問題の見立てとして現れてくる。そのことは当然、保育や支援計画の立案における目標の立て方にも影響し、また保育者の直接的な支援者としてのかかわり方も異なってくる。ここに、従来からの保育技術に含まれている保育指導に加えて、子どもと保護者の関係性及び環境への働きかけるというソーシャルワークの視点が援用されることの意義を見出すことができるのではないだろうか。

（2）多重問題への対応における支援課題

近年、保育所における相談支援の内容がより複雑さを増している現状はすでに述べてきたが、松本智朗は、複雑化した子育てに関する様々な問題を「複合的困難」という観点で捉えている。すなわち、「単に困難や問題が多側面にわたるのみではなく、それらが複合している点にある」とし、「それぞれの要因が相互に原因と結果の関係にあったり、ある不利が別の不利を帰結したり、ある困難が別の困難を深刻にさせて解決を阻んでいたり、偶然同時期に生起した

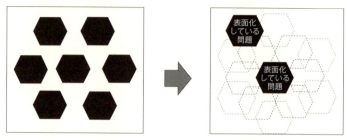

図6-2　多重問題ケースにおける問題の捉え方
出所：小口将典（2015）「多重問題ケースにおける家族の構造的理解とアプローチ——保育ソーシャルワークの試論として——」『保育ソーシャルワーク学研究』第1号。

困難が重なることでそれぞれの解決がより難しくなる」状態にあるとしている（松本、2013、8）。

　筆者も、同様に保育所で対応する相談支援の多くが「多重問題ケース」であるとして、「一つの問題が他の問題を呼びおこしており、複雑な関係のなかでお互いに刺激しあい、同時に複数の問題を発生させていることが特徴である」（小口、2015、62）という見解を示した（図6-2）。支援においては、表面化している問題のみにとらわれるのではなく、1つの問題が複数の問題と関連し重なっている構造を理解しなければならない。これも、保育ソーシャルワークにおいて重要な視点である。

　どのような相談内容であっても、保護者は自身の力では解決できないという一種の危機に直面している。そして、主訴の背景には様々な問題を複数抱えている状態にある。したがって、ケース検討会の資料や支援計画に「解決すべき課題」を列挙すればきりがなく、さらにそのような問題を並べたところで、解決への手がかりが見えてくる訳でもない。結果として、「いろいろな問題があるが、どこから手をつけようか」ということになり、「さし当たって、やれるとこから始めてみましょう」というように、支援の見通しが持てないなかで支援が開始されることになる。

（3）問題解決の時間軸

　問題が多重化し相互の関連のなかで、1つの問題が他の問題を生み出しているという構造があるのであれば、その抱えている問題の1つ1つに対応するの

表6-2　問題解決の時間軸に沿った支援の組み立て

←─────────── 問題解決の時間軸 ───────────→

緊急支援		短期的支援		長期的支援	
24～48時間の危機とそれへの対応	1カ月程度を単位とする問題解決過程と支援	3カ月程度	6カ月程度	1～2年程度（3年ぐらいまで）	5～6年程度
生命のと生活の緊急事態への対応	問題の「質」の理解落ち着きを取り戻す時期	長期的見通しについての再アセスメント	新たな生活を作り、引き続く課題への対応	ネットワークの定着新たなスタイルを身に付ける期間	他機関との連携および見守り

① 生活問題のアセスメント
　→② 生活問題への緊急処置
　　　→③ 生活基盤の強化に関わる支援
　　　　　→④ 生活問題への対処に関わる強化
　　　　　　　→⑤ 定着・見守り
　　　　　　　　　→⑥ 政策への提言と協力

ではなく、その核となる問題へのアプローチを行いながら、同時に抱えている複数の問題の解決・緩和を図るという支援の図式が成り立つ。そのためにも、問題の構造を理解した上で、支援を必要としている状況の緊急性を見極め、次に直面するであろう問題を推測し、その解決の見通しや支援者の経験的予測から、いくつかの課題に分けて整理することが必要である。例えば、①保護者が落ち着きを取り戻すのに必要としている時間、②取り急ぎすぐに対応しなければならない問題、③今は一時的に棚上げにしておきながら時期をみながらゆっくりと変えていくべき問題、④ある問題が解決してから提案できる支援内容、など解決する問題の質を踏まえて整理し、問題解決の時間軸に沿って支援の流れを組み立てることである。区切った時間軸のなかでは抽象的な支援目標は避け、取り組むべき課題を明確にすることが、ケース検討や他機関・職種との連携を有効にしていく。漠然とした目標に向かっての支援はあまり意味をもたず、問題解決の時間軸のなかで区切った支援の積み上げ方式をとることで、支援の見通しが持てるのである。

3 | 保育ソーシャルワークの展開過程における支援の組み立て

(1) 問題解決の時間軸による支援の分節化

それでは、「問題解決の時間軸」に即して、支援を組み立てるなかでの時間的単位のなかでの支援について、大きく3つに、さらに細かいところまでを入れて6つに分けて考えてみたい。

1) 緊急支援

①24～48時間（1～4日程度）の危機と対応

虐待対応への緊急対応、救急医療の対応、保護者の急病・事故、入院など主に生命に関わる緊急事態への対応などである。特に、アセスメントではこれらの問題の緊急性を見極める必要があり、24～48時間の対応が勝負になることがある。緊急時には問題をどう限定するのかがとても重要になってくる。

また、急な有給休暇の取得は一般的な労働条件の下では2～3日であり、子どもを近隣の親族に預けることができるかもしれないなど、24～48時間であれば無理して動員できる社会資源がある。緊急に組織される一時的な支援体制を考えることができる。

②3週間程度（2～4週間）を単位とする問題解決過程と支援

緊急事態への対応を経て、ある程度その事態が長期的なものか短期的なものかの一応のアセスメントが可能となる期間である。例えば、一時保護などによる介入後の経過の予測がつく、非行で警察に補導された結果の見通しがつく、保護者の入院であれば長期的なものになるのかが分かる期間でもある。

2) 短期支援

③3カ月程度（1～4カ月）

社会的にも、長期の休職をとる場合においても1～3カ月が一般的な目安となり、また日本には四季があることからも3カ月程度で季節に合わせた生活の変化がある。通園施設などの利用を始めて慣れてくるのも3カ月程度であり、問題状況を切り抜け、新たな生活を再構築するのに必要な最低限の期間であるといえる。

家族を失った悲しみや、子どもの重病や障害を受けとめかねての戸惑いも、

3カ月位たてば、一応のおさまりをみせ、取り乱していたときには見失われていた本人や家族の強さも再び現れてくる。

また、ソーシャルワークでは短期間であっても3カ月という単位をまとまった働きかけができる期間として考える。3カ月位であれば少なくとも1つの問題領域で、一定の変化をおこし、次の変化へとつなげることを考えモニタリングを行わなくてはならない。支援全体の見直し、長期的見直しについての再アセスメントを行わなくてはならない重要な節目となる期間でもある。

④ 6カ月程度（5～10カ月）

予想できる、近い将来でありそれらに向けた準備を進めることができる。また、半年を超える入院であれば、長期の家事、療養、さらに経済面の計画を立て直さなければならず、家庭内に6カ月以上継続した問題を抱えているのであれば、生活への全面的、あるいは長期的な影響を及ぼしていると考えられる。

3）長期援助・支援

⑤ 1～2年（3年位まで）

人間の成長と発達に関わる課題はこのスパンで捉える必要がある。例えば、集団のなかでの子どもの人間的成長や協調性、社会性などの発達、子育てで悩む保護者の成長など、その人に定着して、経過的に捉えるようになるのに必要な期間である。

さらに、家庭生活においても予測がつく未来でもある。子どもの進学、転勤の予測、家族員の定年なども、1～2年の間に起こることとして現実的に考えることができ、不安や期待を呼び起こす可能性がある。1～2年の間、何を目標にして生活をし、現実的な将来の課題への準備を視野に入れて支援を進めていくことができる。

⑥ 5～6年

今の生活を続けていけそうなのか、その間に変化がおこるとすればどのようなことを予想すべきかなどの積み重ねで、より長期的な支援になることを念頭に支えていくことになる。家庭内の問題は継続することが多く、保育所を卒園した後も小学校、中学校、高校への一貫した支援が必要であり、他機関との連携がより重要となる。

(2) 見通しのもった支援展開に向けて

このように、支援のねらいや方針を明確化し、今直面している課題をどう乗り越えるかという視点と、その課題の背景を探りながら保護者自身の課題および子どもの発達課題を長期的に見据え、見通しのある支援の方向性を検討していく必要がある。実際の支援では保護者や子どもの状況によって、その都度、対応を見直さなければならないこともある。しかし、出てきた問題を出てきた順に取り扱うといういわば対処療法的な対応ではなく、時間軸に沿った支援の組み立ては、多重化する問題をアセスメントし、それに基づく支援の立案にあたって不可欠なものである。

このような、見通しのある支援の展開過程を考えるにあたり、「問題解決の時間軸」という概念とそれによる分類は、直面する生活問題の質と解決の時間を見極め、一貫した長期的な支援の展開においてもいくつかの示唆を与えるはずである。

おわりに

今後、保育ソーシャルワーク研究において保育現場にフィットした理論と実践モデルが検討することが期待されている。そのなかで、「時間・期間」の問題について、もっと敏感であるべきである。保育ソーシャルワーク実践において、いかなる理論に基づく支援の技法が、どのくらいの期間に行われ、その効果はどうであったのかを問い、明らかにすることが、ソーシャルワークを保育に援用することの有用性を示し、保育者に受け入れられる実践モデルの開発につなげることへの一歩であると考える。

また、実践のレベルにおいてもこれまでの漫然と「将来の目標」だけを掲げて１つの方法だけを実施してきた時には不可能であった支援の「メリハリ」を実践過程に生じさせ、用いる理論・アプローチの吟味を容易にし、実践の効果を確認することが期待できる。保育ソーシャルワークの実践を時間的順序の枠組みで組み立て、保護者と共に、「達成し得る」「現実的な」目標を立て、期間を限ってそのための努力をすることは、実践の見通しを明らかにし、評価もまた実効を持つに至るという道筋が開かれるのではいだろうか。

本章の試論的提案が、保育現場が抱えている「困難事例」「処遇困難」なケースに糸口を見出し、解決の試行をともに考えていく保育ソーシャルワーク

の発展に寄与することを心より願っている。

注
1）「問題解決の時間軸」という考え方は、ソーシャルワークにおける援助展開とその理論を整理するなかで提起された概念である。本章では、保育ソーシャルワークの展開過程にあわせて再考するものである。
2）詳細は、土田美世子（2006）「エコロジカル・パースペクティブによる保育実践」『ソーシャルワーク研究』第31巻第4号を参照されたい。
3）例えば、子育て支援において、保育士による問題の見立ては一次元で捉えている傾向にあるとしている。それは、「しんどい」という言葉に反応し、それを軽減するための対応を考えてしまい、その多くは子育て支援現場のみで図られ、他の社会資源とのつなぎという発想は少ないことが指摘されている。
4）窪田は、ソーシャルワーク実践において生活問題を分節化して、「解決の時間軸」に添って考える視点として整理している。詳しくは、窪田暁子（1984）「社会福祉方法論の今日的課題──社会福祉実践の構造──」『第10回児相研セミナー報告書』に示されているので参照されたい。ここでの分類は、窪田の見解をもとに、小口によって保育ソーシャルワークの内容に再考して整理したものである。

引用・参考文献
伊藤良高（2011）「保育ソーシャルワークの基礎理論」、伊藤良高・永野典詞・中谷彪編『保育ソーシャルワークのフロンティア』晃洋書房。
伊藤良高・香﨑智郁代・永野典詞・三好明夫・宮﨑由紀子（2012）「保育現場に親和性のある保育ソーシャルワークの理論と実践モデルに関する一考察」『熊本学園大学論集総合科学』第19巻第1号、pp.1-21。
伊藤利恵・渡辺俊之（2008）「保育所におけるソーシャルワークの機能に関する研究──テキストマイニングによる家族支援についての分析──」『高崎健康福祉大学総合福祉研究所紀要』第5巻第2号。
岩間伸之（2014）「第5章　ジェネラリスト・ソーシャルワークの概要とその特徴」山辺朗子編著『ジェネラリスト・ソーシャルワークの基盤と展開──総合的包括的な支援の確立に向けて──』ミネルヴァ書房。
小口将典（2015）「多重問題ケースにおける家族の構造的理解とアプローチ──保育ソーシャルワークの試論として──」『保育ソーシャルワーク学研究』第1号。
窪田暁子（1993）「食事状況に関するアセスメント面接の生まれるまで──生活の実態把握と理解の方法としての臨床的面接──」『生活問題研究』第3号、生活問題研究会。
山縣文治（2011）「子ども家庭福祉とソーシャルワーク」『ソーシャルワーク学会誌』第21号。
鶴宏史・中谷奈津子・関川芳孝（2017）「保育所を利用する保護者が保育士に悩みを相談する条件──保護者へのインタビューを通して──」武庫川女子大学大学院『教育学研究論集』第12号。

松本智朗（2013）「子ども・家族が直面する複合的困難——調査事例の概況——」松本智朗編著『子ども虐待と家族——「重なり合う不利」と社会的支援——』明石書店。

第7章
保育ソーシャルワークにおける面接技法

はじめに

　面接技法というものは、基本的に1対1の状況でどのように相手の話を聴き、対応を工夫していくかという点が重要となる。一方で、「技法」という表面的な部分のみで十分かというとそうではなく、実際の面接場面で必要なスキルには、言語的コミュニケーションだけでなく非言語的コミュニケーションも含まれる。すなわち、表面的な話の流れを理解するだけにとどまらず、クライエントの気持ち、すなわち「感情」に焦点を合わせて聴くこと、カウンセラーには感情レベルでも適切に反応することが求められる[1]。何かうれしい話をしているクライエントが、能面のような表情で話を聴くカウンセラーをどう思うだろうか。辛く苦しい体験を語るクライエントが、話は聴いてくれても感情レベルでは何の響くところのないカウンセラーにどのような印象をもつだろうか。面接技法には、そうした人間同士のコミュニケーションといった重要な前提条件が必要であるといえる。

　本章では、面接技法としてのカウンセリングにどのような理論があり、具体的な技法があるのか解説した後に、保育現場におけるカウンセリング実践の現状と問題点、保育ソーシャルワークとカウンセリングの接点と今後の展望について論じていく。

1 面接技法としてのカウンセリングの成立と展開

（1）面接技法としてのカウンセリング理論

　カウンセリングには様々な理論がある。最も古いものでいえば、まずはフロイト（Freud, S.）の精神分析理論であろう。彼が唱えた理論における人間の性格構造論は、「力動論」と呼ばれる。図7-1に示すとおり、無意識的領域にあり

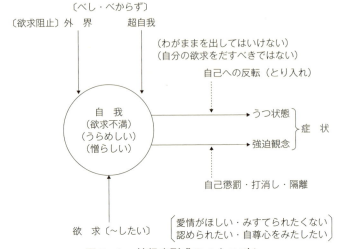

図7-1 神経症形成のメカニズム
出所：前田重治（1994）『続　図説臨床精神分析学』誠信書房、p.24。

　本能的な欲求である「エス」と、親や教師のしつけによって形成される「超自我」の狭間にあって、うつ病や強迫性障害など病理的な症状を形成するのが「自我」であるというモデルである。フロイトの考えた心の構造論でみると、私たちの意志は脆弱で、ある意味でエスと超自我に翻弄され、病理的な症状を形成する。逆にいえば、超自我とエスの力関係を分析し、そのはたらきを変えることができれば、症状は消失すると考えることもできる。もちろん、この精神分析理論は今から70年ほど前の考え方であるがゆえに、近年の脳科学のめざましい発達における、うつ病や強迫性障害がセロトニンなどの神経伝達物質の作用で説明されるという知見は盛り込まれていない。[2]
　次の代表的なカウンセリング理論は、ロジャーズ（Rogers, C. R.）の来談者中心療法における自己理論である。図7-2のように、ロジャーズは自己概念と経験とのずれが問題行動を引き起こすという理論を唱えた。例えば、「自分は非常に有能な人間である」という自己概念をもった学生がいるとしよう。彼は過剰な有能感があるにもかかわらず、学校生活の様々な場面で失敗したり、周囲から批判される経験に対しどのようにふるまうだろうか。「自分は有能なんだ。批判する周りが悪いんだ」という「否認」を行ったり、「自分の有能さはこんなものじゃない。もっとすごいところをみせてやらねば」と「歪曲」を行

図7-2　自己概念の変容

出所：ロジャーズ,C.R. 伊藤博訳（1967）『パーソナリティ理論』ロジャーズ全集8巻、岩崎学術出版社、p.149。

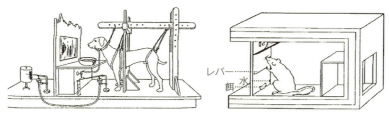

図7-3　古典的条件付けと道具的条件付け

出所：高村和代・安藤史高・小平英志（2011）『保育のためのやさしい教育心理学』pp.18-20。

うかもしれない。図7-2のBの一致部分が小さい状態を心理的不適応状態と考える。しかし私たちの内的な自分というイメージは主観的なものであるがゆえに、誰でも実際の経験と同じという訳にはいかない。ロジャーズが目指したカウンセリング理論では、このずれをいかに少なくするか、つまり右のように重なったB領域が大きい状態が心理的に適応した状態であり、それを目指すのがカウンセリングであると考えるのである。

　3つ目の代表的なカウンセリング理論は、行動療法および認知行動療法の理論である。行動療法の基本的な考え方は、2つの条件づけにもとづいている。図7-3の通り、古典的条件づけは、「パブロフの犬」と呼ばれることがある代表的な条件づけで、エサをみると唾液を出すという反応の際に、ベルの音などをエサと同時に何度も提示すると、ベルの音だけで唾液を出すようになる新しい行動を学習する現象をいう。犬に「お手」や「お座り」をしつけたり、サーカスで動物に芸を仕込む際にも同じ工夫が用いられる。もう1つは道具的条件づけで、スキナー箱と呼ばれる箱の中に入れられた実験用のネズミであるラットが、「偶然」スイッチを押すとエサが出ることを発見すると、何度もスイッチを押すようになる行動を学習することをいう。いずれも学習を本来取らない

行動パターンであるとし、必要に応じて消去することもできるという立場をとる。認知行動療法は、この行動を学習するプロセスの最初に「認知」を位置付け、これを制御することによって、誤った学習結果である行動を修正できるとの立場をとる。

（2）面接技法としてのカウンセリング技法

これまで主に3つのカウンセリング理論を述べてきた。しかし、実際のカウンセリングの技法は、各理論それぞれにあるというよりは、相談を聴くクライエントの悩みに応じて臨機応変に様々な対応を行うというのが実際的である。

國分康孝（國分、1979、25-51）はカウンセリングの技法を総合的にまとめている。

カウンセリングには3つの段階がある。①リレーションをつくる段階、②問題の核心をつかむ段階、③適切な処置をする段階、である。ここでいうリレーションとは、「信頼関係」のことである。クライエントは、当然のことながら、信頼できると思える相手にしか悩みを相談しない。

なお、この3つのプロセスは図7-4に示すように「コーヒーカップ方式」と説明され、すなわち最初の意識レベルでのリレーションづくりの段階、無意識の深いレベルでの問題の把握の段階、意識レベルに戻っての現実的な対処、問題解決の段階という説明の仕方ができる。

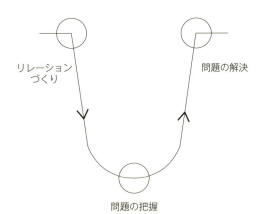

図7-4　コーヒーカップ方式

出所：日本教育カウンセラー協会編（2001）『ピアヘルパーハンドブック』図書文化社、p.38。

さて、國分によれば、具体的なカウンセリング技法は主に5つの技法にまとめることができる（國分、1979、25-51）。その前提として、カウンセラーとクライエントの間にリレーション（信頼関係）が成立していることがなによりも重要である。リレーションを構築するには、カウンセラーが適切な自己開示を行い、純粋性を保つことが必要である。カウンセラーがある程度自分の感情をオープンにすることでクライエントが相談しやすくなるし（自己開示）、カウンセラーが建前ばかりでなく本音の気持ちを語ること（純粋性）でクライエントはカウンセラーを信頼することができる。

その上での5技法であるが、まず第1が「受容」である。相手を受け入れるといえば聞こえはよいが、クライエントの中には自分がした行為への罪悪感をもつことも少なくない。「悪いこと」に対し「なぜそれをしてしまったのか」と問い質す話の聴き方では、クライエントは自分を受け入れられたと感じることはできないだろう。親にせよ、教師にせよ、「悪いこと」を叱ったり注意する役割をもつ人はクライエントの周りに多いからである。ではカウンセラーはどうするか。「非審判的・許容的態度」で相談を聴くことである。クライエントが行った行為が間違っている場合、それはそれとして、本人が感じている罪悪感や反省的態度には肯定的な姿勢で話を聴くのである。そのためには、カウンセラーが意識的に、単純に善悪の判断を下さないように注意して話を聴くことが必要である。また、一般的なイメージとして、受容の最もよい例は、外で友達と喧嘩して泣いて戻ってきた子どもが、家に帰って母親に泣きつき、母親が何も言わずとも抱きしめるだけで子どもが安心して泣き止むという様子で表現することができる。この場合、母親は特に何も言葉をかけずとも、子どもとのスキンシップを通じて安心感を与えることで、子どもは母親に受け入れてもらったという気持ちになれる。カウンセリングでスキンシップによって受容することは難しいため、対話の中でこうしたイメージをもちつつ話を聴くという程度になるが、それでもこうしたイメージをもって話を聴くことは効果的である。

面接技法の第2は「支持」である。これはクライエントの意見に「賛成である」と伝えることである。近年はツイッターやインスタグラムといったSNS（Social Networking Service）が若者を中心に広まっているが、自分が投稿したコメントや写真に対して「いいね」という肯定的サインが送られるだけで、安心感を得ている人がとても多い。面接場面でもカウンセラーがクライエントの話

に同意できる場合は積極的に「おっしゃる通りですね。私もそう思います」と返答するだけで、クライエントの自信につながり、心理的に支えられた感覚をもつことができるのである。

面接技法の第3は「繰り返し」である。クライエントは自分の悩みを話すとき、長い話をすることも多い。話しながら自分が何を悩んでいるのか分からなくなったり、要領を得ないことも少なくない。カウンセラーはクライエントの話を聴きながら、「要するにこういうことですね」と簡単なフレーズで言い換え、クライエントの話の要点をまとめて返すよう心がける。例えば女性のクライエントが相談にきたとして「私は飛行機のキャビンアテンダントになりたいんですが、父は飛行機の仕事なんで危ないからダメだといい、母は自分がしたいようにしたらいいというんで困っています」という悩みを話したとして、「お父さんの気持ちも尊重したいけど、自分のしたいことと違うので悩みますよね」といった具合に、何が問題なのかを整理しつつ相手に返す。クライエントはカウンセラーから返されたフレーズを手掛かりに自分自身を客観的に見つめ直すことができるようになる。そして自己理解が深まるという流れとなる。この3つ目の技法はやや経験が必要となる。また、単に短くまとめればよいというだけでなく、クライエントがどのような気持ちで話をしているのか、その感情に注意して聴いていなければ、よい繰り返しは難しい。

面接技法の第4は「明確化」である（**表7-1**参照）。これは5つの技法の中で最も難しい。簡単にいえば「クライエントにも意識されていない内容を言語化すること」であるといえる。例えば「あなたは今お金をいくらもっていますか？」と尋ねられたら、普通は「今、2000円あるよ」と答える。それが明確化

表7-1 明確化の例

「君、今、お金持っている？」 　（通常）「今、2000円あるよ」 　（明確化）「もってるよ。いくら貸そうか」
「あなた、今夜も帰りが遅いの？」 　（通常）「遅いよ。いま忙しいんだよ」 　（明確化）「そうなんだ。たまには夕食を一緒にしたいところだなあ」
「あと何回、面接にくればいいんですか？」 　（通常）「どうでしょう。はっきりとはいえませんね。」 　（明確化）「面接に来るのが何か面倒な感じ？」

出所：國分康孝（1979）『カウンセリングの技法』、誠信書房、pp.44-46を参考に作成。

を用いると「もってるよ。いくら貸そうか」と聞き返すやりとりを行う。それは、最初の問いかけに対し、カウンセラーは「この人はお金を無くして困っているんだろうか？　そしてそれを言いにくいんだろうか？」と推測をして、返答をしているのである。もちろん明確化は通常の会話で用いるのではなく、面接場面でも前後の文脈をみつつ、クライエントが言いにくそうにしているかを判断した上で用いる技法である。しかし場合によっては、その後の面接が非常にスムーズにいき、クライエントが自分の気持ちを語れるようになるきっかけを与えてくれることもある。

　最後の技法は「質問」である。相手の情報を引きだすことは面接で必須であるが、その際、あくまでも相手を心理的に支援する上で役立てるための情報収集でなくてはならない。質問の仕方には2種類あり、第1が閉じられた質問であり、「今日はちゃんと朝ご飯を食べてこられましたか？」など「はい」か「いいえ」で答えられる。クライエントは答えやすいので心理的な負担が少ないため、初対面の時期は多用する。第2が開かれた質問であり、いわゆる英語の5W1Hを駆使して、クライエントに様々な答えを引きだすための質問を行う。ただし十分に信頼関係ができてからである。

　以上のように、面接技法は全体として5つの技法にまとめることができるが、それらを下支えする条件としては、リレーションがあること、クライエントの感情に焦点を合わせて話をきくことが必須であるといえる。また、カウンセラーとしてはこれらの面接技法のノウハウを頭に入れつつも、普段から身の回りの人間関係でもゆったりした心もちで接するなど、他者が相談をしやすい対人態度を心がけておく必要があるだろう。

2 ｜ 保育現場におけるカウンセリングの現状と問題点

(1) 保育現場におけるカウンセリングの状況

　文部科学省によれば、図7-5に示す通り、保育カウンセラーは「基本は、スクールカウンセラーの資格要件に準じたものとして、さらに、乳幼児教育、親子関係の専門的な知識、理解があることが望ましい」とされている。また、保育者への専門的支援を担う役割も期待されている。

　現時点で資格養成されている例として、全国私立保育園連盟による保育カウンセラー資格がある。[5] この資格は、ステップⅠからステップⅢまでの講座を受

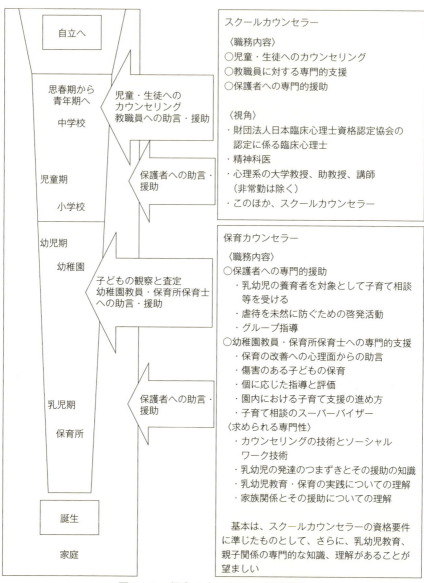

図7-5　保育カウンセラーの専門性

出所：文部科学省（2004）「保育カウンセラーの専門性」、中央教育審議会初等中等教育分科会幼児教育部会第13回会議資料。

講して審査に合格することにより、保育カウンセラー資格が与えられる。ステップⅠは保育・福祉・教育関係者で経験年数4年目からとし、「カウンセリングの基本的なイメージを把握し、その基礎理論を学ぶとともに、保育とカウンセリングの関係について学ぶ入門コース」、ステップⅡは「カウンセリングの中心課題の一つである『自他理解／自他受容』について、その理論を学ぶとともに体験学習等を通して具体的に理解するためのコース」、ステップⅢは「子育て支援者としての実践力を身につけるために、自己確立の方法とその理論や、地域の援助機関との連携について学ぶコース」であり、それぞれ数日間の研修を受講し5年間の資格更新制度を設けている。2017年時点で437名が資格を取得している。

　一方、心理学領域では臨床発達心理士運営認定機構によって「臨床発達心理士」の認定が行われている[6]。臨床発達心理士は、「発達の臨床に携わる幅広い専門家に開かれた資格あり、人の発達・成長・加齢に寄り添い、必要とされる援助を提供する。発達心理学をベースにして『発達的観点』を持つところが特徴である。資格を取得すると、研修の機会が豊富にあり、学びの場が提供され、地域ネットワークの中で様々な情報を得ることができ、子育て支援や特別支援教育など、時代のニーズが求める分野でこれから活躍が期待されており、5年ごとの資格更新によって、常に高い専門性を保つことができる」とされている。資格の条件は、発達心理学隣接諸科学の大学院修士課程在学中または修了後3年以内、3年以上の臨床経験、大学や研究機関で研究職をしているなどであり、その後1次試験（主に筆記試験・書類審査・事例報告など）と2次試験（主に面接）が課される。いずれもより高い専門性が求められる。

　臨床発達心理士は、保育カウンセラーとは異なり、保育者が専門性を高めるために資格を目指すというよりは、発達心理学を専門的に学んだ専門職としての役割が期待されているといえる。学校現場におけるスクールカウンセラーも同様であり、心理学を専門的に学んだ専門職として配置され、教員と連携を図る。しかし、教員経験のないスクールカウンセラーが大半であることから、実際には連携面で難しい面もあるだろう。つまり、保育現場におけるカウンセリングにおいては、誰が担当するのかという問題があり、現状では保育者自身が兼務している場合と、専門家を配置している場合の2通りがあると考えることができる。

(2) 保育現場におけるカウンセリングの問題点

　保育現場で保育者自身がカウンセリングを実践することはどの程度可能なのだろうか。下坂　剛（下坂、2011、37-38）は保育士及び保育関係者45名にアンケート調査したところ、保育現場でカウンセリングマインドが実践してきていると答えたのは25名（56％；無回答4名）、できていないと答えた16名に対し、その理由を尋ねたところ、「職場環境と労働条件がよくないため」「自分の気持ちの問題」といった回答があった。全員に保育現場の労働環境で改善してほしいことについて尋ねたところ「保育者数をもっと増員してほしい」「給与・労働条件を改善してほしい」といった回答が多かった。表7-2で示すとおり、保育者の給与水準は全産業と比較すると月あたり10万円程度低い[7]。給与が低水準である問題は福祉系職員も同様であり、いわゆる「ケア」に係る業種に対する労働対価の評価が低いのは日本の構造的な問題である。つまり、給与水準が低い状況において、さらにカウンセラーとしての役割を保育者に期待することは、現実的に難しいといわざるを得ない。

　では専門家による配置方式はどうか。現時点で保育所や幼稚園に保育カウンセラーが配置されている事業は一般的ではないものの、2、3のケースがある。坂上頼子（坂上、2011、54-58）によれば東京都日野市では保育カウンセラー事業として、臨床心理士等の専門職が月1回程度、公立・私立幼稚園にそれぞれ1名派遣される。また、竹中美香（竹中、2007、87-90）によれば、大阪府私立幼稚園連盟によるキンダーカウンセリング事業でも月1回程度の臨床心理士等の専門家を派遣しているし、福井県（福井県健康福祉部子ども家庭課、2012、104-107）でも臨床心理士をはじめとする専門家を保育所や幼稚園に派遣している。これらの事業では、子どもの観察や発達支援、保護者支援、ケース会議での助言等が

表7-2　保育士、幼稚園教諭の平均年齢、勤続年数、および平均賃金

	平均年齢	勤続年数	所定内給与（1カ月分）
全産業	42.2歳	11.9年	304.0千円
保育士	36.0歳	7.7年	215.8千円
幼稚園教諭	33.0歳	7.7年	225.6千円
ホームヘルパー	46.6歳	6.3年	213.0千円
福祉施設介護職員	40.5歳	6.3年	215.2千円

出所：厚生労働省「平成28年賃金構造基本統計調査」より作成。

主な業務である。こうした取組が行われる中で、小・中・高におけるスクールカウンセラー事業ほどには、国の保育現場への専門家の配置制度の導入は進んでいない現状にある。

3 | 保育ソーシャルワークにおける面接技法の課題

(1) 保育ソーシャルワークとカウンセリングの統合

　以上のように、国としての保育カウンセリング制度の整備が望まれる一方で、新しい保育ソーシャルワークという専門性の可能性が挙げられる。伊藤良高（伊藤、2011、47）は保育現場におけるソーシャルワークの意義について、「これまで保育施設・保育者には明確に意識されてこなかった、間接援助技術としてのコミュニティワーク（地域援助技術）やソーシャル・ウェルフェア・アドミニストレーション（社会福祉運営管理）などに関する知識、技術（能）が一定有用である」と述べている。

　山本佳代子（山本、2017、40-42）によれば、「保育ソーシャルワークは主に保育所・幼稚園・認定こども園等の保育施設、あるいは地域子育て支援事業等において用いられる活動であるととらえることができ（中略）具体的な内容としては、障がいや疾病、家庭環境に課題を抱え、行動問題等を生じている子どもへの直接的な支援、子育てへの悩みや生活課題等を抱える保護者への相談・助言、情報提供、地域の関係機関との連携や調整、施設組織内のマネジメントやスーパービジョン等」が挙げられるという。既に述べたように、カウンセリングは主に2者関係における相談援助技術であり、子どもや保護者、保育者への心理的支援を中心とした関わりを意味する。したがって、保育ソーシャルワークはカウンセリングの心理的援助も含みつつ、保育現場で生じる様々な問題に対処するための具体的な援助を包含した概念であると考えることができる。

　日本保育ソーシャルワーク学会は、2016年度から保育ソーシャルワーカーの認定を開始しており、一定の研修の受講と認定試験によって初級、中級、上級の保育ソーシャルワーカーが認定される。こうした取組は始まったばかりであるが、カウンセリング的知識と技能をもつ支援者の養成は、保育現場において実際に求められる人材像であり、今後の養成の広がりが期待される。

(2) 保育ソーシャルワーク的カウンセリングの提言

　専門家としてのカウンセラーは、今後、国家資格である公認心理師に集約されていく見通しがある[9]。公認心理師は2018年度から認定が開始され、同時に各大学及び大学院において養成が開始される。この資格は厚生労働省と文部科学省による共管で認定される資格であり、これまでは臨床心理士が主であった心理職の資格要件が、公認心理師に代わる見通しが大きい。保育現場における心理専門職の基礎資格としても公認心理師をもつ人材が配置される可能性があるが、現時点で公認心理師に必要とされる4年制大学での関連科目としては、「発達心理学」「障害者・障害児心理学」「福祉心理学」「関係行政論」「社会・集団・家族心理学」等であるものの、保育現場に特化した科目はそれほど多くはない。また資格養成にあたって課される実習施設の領域としては、医療、教育、福祉、司法、産業の5領域であり、保育現場は福祉領域の一部である。

　一方で、既存の臨床心理士や臨床発達心理士、学校心理士などの民間資格はどうなるのだろうか。基本的には公認心理師が基礎資格として最も重視されつつ、大学院修了等が必要となる民間資格はその上位資格またはより高い専門性を示す資格としての位置付けがなされる見通しがある。既に述べたように公認心理師の養成においては保育現場での実習は重視されていない。したがって、保育ソーシャルワーカーの養成にあたっては、公認心理師の資格取得者に対しては、保育現場での専門性を高めるための上位資格として、例えば保育ソーシャルワーカー上級資格の取得を勧めるといった対応が考えられる。もちろん関連資格には臨床発達心理士等もあり、これらの資格との棲み分けをどのようにしていくのかは、保育ソーシャルワーカー資格としての今後の課題となるだろう。

　保育現場における専門職の配置は今後検討の余地が残されているといえる。そして、学校現場とも共通するが、保育者がカウンセリングマインドを身に付け、保育の質を高めるという方向性は、現状の保育者が抱える給与等の水準の低さを考慮すれば適切でないことは明らかである。本節では2つの提言を行いたい。第1に、保育者の待遇を全産業の平均並みに引き上げることが急務である。その上で、保育者にカウンセリングマインドの学びなど、保育の質の向上を望むことは可能となるだろう。第2に、保育者の待遇の向上を目指しつつ、スクールカウンセラーに限らず、文部科学省や厚生労働省を中心として、保育現場にも職域を広げた専門職の創設を行うことである。その際は国家資格であ

る公認心理師や複数の民間資格との整合性を検討する余地がある。

おわりに

　「カウンセリングマインド」は一種の心構えであり、保育者に限らず、教師や親など人と接し、誰かを育てる関わりを行う人ならば誰にでも必要となる。しかし一方で、カウンセリングマインドや人と関わる上での感情労働は、具体的な成果として利益を視覚化できないため、個々の支援者の良心に委ねられている面が強い。つまり保育者や福祉関係者、心理職でさえも給与水準など待遇に問題を抱える現状にあっては、これらの職種に就く人々が社会から妥当な待遇を与えられていると感じられる制度とせねばならない。

　しかし現状は、日本に限らないが、子どもの養育に携わる職種への社会的評価は低い。保育者の平均年齢が30代半ばであるのは、ベテランまで長く続けることが困難な職種であることを示している。そうした状況の中で、保育の質を上げることを保育者の努力に求めることは現実的に無理がある。公認心理師をはじめとした国家資格や、保育ソーシャルワーカーなど様々な民間資格の養成に携わる専門家は、資格取得者を現場に送ることばかりでなく、彼らが自ら投じた経済的・時間的コストに見合った社会的地位が得られるような働きかけを行う義務がある。そうした視点から資格をもつ専門家を養成していくことは、民間資格の乱立を防ぎ、現場の保育者のニーズに寄り添った専門性の確立につながるに違いない。

注
1）ロジャーズ（Rogers, C. R.）の来談者中心療法では共感的理解などで重視され、今日でもジェンドリン（Gendlin, E. T.）によるフォーカシングなど、個人が感情をどのように体験したかはカウンセリング場面で非常に重要な問題である。
2）脳内神経伝達物質としてうつ病との関連が実証されているものにセロトニンがあり、選択的セロトニン再取り込み阻害剤（SSRI）は脳内のセロトニンを一定に保つよう働くことで抗うつ剤として、現在メンタルクリニック等で広く処方されている。
3）うつ病の治療で著名なベック（Beck, A.）の認知療法、論理療法のエリス（Ellis, A.）が代表的な技法であり、非合理的信念（例：完全主義、八方美人）を合理的信念に変えることを目指す。
4）臨床心理学における重要な概念であり、図7-1でいうエスに相当する心理的領域である。

5）詳細は全国私立保育園連盟 HP を参照のこと（http://www.zenshihoren.or.jp/、2018年7月30日最終確認）。
6）詳細は臨床発達心理士運営機構 HP を参照のこと。(http://www.jocdp.jp/、2018年7月30日最終確認)。
7）厚生労働省（2017）「平成28年賃金構造基本統計調査」より作成。
8）詳細は日本保育ソーシャルワーク学会 HP を参照のこと（https://jarccre.jimdo.com/、2018年7月30日最終確認）。
9）公認心理師法は2015年9月16日に公布され、2017年9月15日に施行された。2018年度には第1回国家試験が実施される見通しである。

引用・参考文献

伊藤良高（2011）「保育ソーシャルワークと関係機関との連携」伊藤良高・永野典詞・中谷彪編『保育ソーシャルワークのフロンティア』晃洋書房。
國分康孝（1979）『カウンセリングの技法』誠信書房。
坂上頼子（2011）「報告 日野市保育カウンセラーの活動の実際」、『子育て支援と心理臨床』第4巻、福村出版。
下坂剛（2011）「保育ソーシャルワークとカウンセリング」伊藤良高・永野典詞・中谷彪編『保育ソーシャルワークのフロンティア』晃洋書房。
高村和代・安藤史高・小平英志（2011）『保育のためのやさしい教育心理学』ナカニシヤ出版。
竹中美香（2007）「幼稚園におけるキンダーカウンセラーの役割に関する一考察」、『東大阪大学・東大阪大学短期大学部教育研究紀要』第4巻。
日本教育カウンセラー協会編（2001）『ピアヘルパーハンドブック』図書文化社。
福井県健康福祉部子ども家庭課（2012）「福井県版保育カウンセラーによる子どもの育ちの支援」、『子育て支援と心理臨床』第5巻、福村出版。
前田重治（1994）『続 図説臨床精神分析学』誠信書房。
文部科学省（2004）「保育カウンセラーの専門性」、中央教育審議会初等中等教育分科会幼児教育部会第13回会議資料。
山本佳代子（2017）「Q10 保育ソーシャルワーカーとは何ですか？」日本保育ソーシャルワーク学会編『保育ソーシャルワーカーのおしごとガイドブック』風鳴舎。
ロジャーズ, C. R.（1967）『パーソナリティ理論』伊藤博訳、ロジャーズ全集8巻、岩崎学術出版社。

第8章
保育ソーシャルワークにおける効果測定

はじめに

　保育ソーシャルワークとは何かという定義についてこれまでも議論されている。その一方で、保育ソーシャルワークを実践した際の効果測定ないしモニタリングとは何か、その意義はどこにあるか、それを誰がどの間隔でいかに測定していくかということは必ずしも議論が十分になされているとは言いがたい。

　保育ソーシャルワークにおいても、支援計画に基づいて一定期間経過した後に利用者の状況を把握しなければならない。これは予定された保育上のサービスや支援が順調に行われているかを確かめ、利用者やその家族の状況を明らかにし、保育ソーシャルワーク活動の点検や評価を行うものである。この状況把握のうち、保育ソーシャルワークの効果があったか否かを質的・量的に確かめるものが効果測定であると考えられる。

　効果測定においても、経験と勘にのみ頼るのではなく、保育ソーシャルワークの他の分野と同じく可能な限り科学的な体系を作り視覚化することが求められる。また、定期的に行うなど一定の区切りごとに実施することも忘れてはならない。ただし、単に科学的かつ視覚化されていればよいというものではなく、保育現場において実際に活用可能な効果測定方法でなければならない。

　保育ソーシャルワークに限らず、効果測定は次のような観点から必要であると考えられている。まず、利用者にとってソーシャルワーク実践の効果があったか否か確かめられなければならない。また、利用者にとって効果があったかどうかのみならずソーシャルワーカーも自身の取り組みが利用者にとって有効かつ適切な手段であったかを検証し改善すべき点があれば改善すべきである。社会福祉の実践者として社会一般に対して、ソーシャルワークが有効な取り組みであることを立証することが必要であるが効果測定によってそれが可能となる。

相談援助にあたって実践活動を評価しなければならない。本来、効果測定を論じるのであれば中間評価と事後評価それぞれについて、あるいはこの両方の関係性についても論じるべきである。しかし、多様な効果測定について検討する第一歩としてと、本章では、効果測定の中のモニタリングを中心に論じる。また他分野で示されるモニタリングの定義は果たして社会福祉分野と同様であろうか。異なる点があるとすれば、対象の特質によるのか測定方法の相違によるか。本章はこのような問題意識をも含めて保育分野におけるソーシャルワークでのモニタリングの特性と測定の精度について論じるものである。

1 効果測定の中のモニタリング

鶴宏史は保育ソーシャルワーク実践を評価する方法として乳幼児社会性発達のプロセススケール、シングル・システム・デザイン、マッピングを提示している（鶴、2009、69-74）。保育現場における効果測定としても、中間評価であるモニタリングと事後評価であるエヴァリュエーションが行われる。実践活動の時間の経過に対応して、評価も事前・中間・事後がある。中間評価がモニタリングである。ソーシャルワーク実践の途中経過においてモニタリングを行うことによって、支援活動の効果が十分に出ているか、意図せざる副作用が現れていないかなどを測定する。

中間での測定という意味でのモニタリングは相談援助のみに存在するものではない。例えば、会計や薬理等の分野でも、何らかの作用を及ぼしたときや活動を行ったときにどのような効果が出ているか測定している。それをモニタリングと称する場合がある。

社会福祉以外の分野において、中間評価ないしモニタリングはどのような意味を持っているのであろうか。例えば、会計学分野の定義を見てみる。ここでは、2011年3月30日企業会計審議会「財務報告に係る内部統制の評価及び監査の基準並びに財務報告に係る内部統制の評価及び監査に関する実施基準の改訂について（意見書）」を参照してみる。そこでは、「モニタリングとは、内部統制が有効に機能していることを継続的に評価するプロセスをいう。モニタリングにより、内部統制は常に監視、評価及び是正されることになる。モニタリングには、業務に組み込まれて行われる日常的モニタリング及び業務から独立した視点から実施される独立的評価がある。両者は個別に又は組み合わせて行わ

れる場合がある」とされる。もう一例として計量生物学を挙げる。折笠秀樹は「中間評価をするということは科学での考え方に似ている」とし、「事前情報がありさらなる疑問に挑戦する。そして、新たな見解がえられる。しかし、別の事実が分かってくると、さらに別の疑問が生じてくるのが科学である。そして、だんだんと事前情報は膨らんでくる」としている（折笠、2000、1）。

（1）社会福祉におけるモニタリングの特性

　モニタリングについて社会福祉分野の一般的な定義を見てみる。例えば、副田あけみは、「ケアマネジメント・サービスの位相の一つであって、仲介した福祉・保健等の諸サービスがニーズを適切に充足しているかどうか、利用者が満足しているかどうか、またそれらのサービス提供者たちは効果的、効率的にサービスを提供しているかどうかを観察や意見聴取によって判断すること」とする（社会福祉士養成講座編集委員会、2005、196）。また、前田ケイは「利用者と一緒に立てた計画通りに事態が進んでいるか、援助者の介入が効果を上げているかを観察し、データを集めて分析する働き」とする（福祉士養成講座編集委員会、2003、163）。

　モニタリングの内容・展開方法については、松原康雄は「援助内容の評価（モニタリング）は、計画された援助が効果をあげているかについて判断し、新たなアセスメントやプランニングにつなげていく作業である。モニタリングは、利用者の権利が守られているか、援助について利用者はどのような感想を持っているか、新たに利用すべき社会資源はないかを含めて、設定された目標が達成されているかを、援助者と利用者、必要に応じて関連機関や施設で確認することを内容とする。モニタリングでは、援助者と利用者、あるいは関連機関・施設間で判断が異なることも予想される。援助者は、計画された援助に固執することなく、利用者に応じた歩調で援助を実施するためにも、援助の評価について合意を得られるまで時間をかけて話しあいと調整を行う必要がある」とする（福祉士養成講座編集委員会、2001、61）。

　子どもや保護者の状況も常に変化している。モニタリングを実施することによって、子どもや保護者の現在の状況やニーズに合っているか、利用しているサービスは課題解決に活かされているか、当初課題と考えられそれに対して設定された目標はどの程度達成されたか、目標はそのままでよいのか新しい目標が必要なのか、子どもや保護者の心理的な充足度合いはどうかが明らかにされ

なければならない。

　ソーシャルワークでは、モニタリングは日常生活の中で行われるものと、日常生活とは離れて行われるモニタリングに分けることができる。保育現場において日常活動の中で行われるモニタリングは、保育者（保育士・幼稚園教諭等）自身が行うものや保育者の所属する機関が行うものが考えられる。これらは保育活動の一部分として行われ、保護者の言動の小さな変化に気付きそれに合わせて効果的に測定することが必要となる。保育分野で日常生活の中で行われるモニタリングは、連絡帳の記載を通して行われたり保護者の送迎時のやり取りの会話を通して行われる場合が少なくない。モニタリングとは銘打っていないが、保護者の言動や連絡帳の記載内容からモニタリングを行い支援の効果を測定する。他方、日常生活（保育活動が行われている場面）とは離れて行われるモニタリングは、そのための場や時間を設定して評価することとなるが、回数は少ないであろう。

（2）本章の研究手法

　多様な効果測定について検討する第一歩として、効果測定の中のモニタリングを中心に論じる。中間での測定という意味でのモニタリングは相談援助のみに存在するものではなく、他分野でも行われている。他分野のモニタリングと対比しつつ、定義は社会福祉分野と同様か、異なる点は対象の特質によるのか測定方法の相違によるのかを考察する。

　また、保育ソーシャルワークにおいて、実践した際の効果測定ないしモニタリングとは何か、その意義はどこにあるか、いかに測定していくかが問題となる。経験と勘にのみ頼るのではなく、可能な限り科学的な体系を作り視覚化することが求められる。そして保育現場において実際に活用可能な効果測定方法でなければならない。保育ソーシャルワークでのモニタリングの特性と測定の精度についても論じる。

2　保育ソーシャルワークとして測定すべき観点

（1）モニタリングの困難さ

　モニタリングを行う目的については、鈴木幸雄は、「①計画どおりに行われているか、②期待された効果があったか、③本人・家族は満足しているか、

④目標は達成されたか、⑤計画の中止・変更・追加・継続についてどうか、等の状況を的確に把握し、評価を行うことである」とする（福祉士養成講座編集委員会、2006、150）。

モニタリングがこのような目的を有するとして、なぜそれがなされなければならないのか。輿那嶺司は「福祉サービスの利用者は、利用者主体のサービス選択を自己責任においておこなわなければならない。また、サービスを提供する側においても、選ばれるサービスを提供する必要がある。では、どのようにこの『選ぶ』または『選ばれる』サービスを判断していくのだろうか。そこで、社会福祉分野において提供されるサービスの『効果測定』または『事後評価』が課題のひとつとなるであろう」とする（輿那嶺、2003、137）。そして「クライエントは何をもって援助の効果があったとし、何をもって援助者はみずからの援助をうまくいっていると評価できるのか、そして、どのようにクライエントにおこる変化をクライエント自身がそして援助者が捉えることができるのであろうか」と問うている。

また、湯浅典人は、モニタリングにおいて重要な2つの問いかけとして「①利用者は効率よく、また満足のいくように目標に近づいているか、②変化があったとするなら、それは援助によってもたらされたものか」を挙げる。②の問いは「援助を計画したり、実践によって知識を作り上げる上で重要である」とする（久保・林・湯浅、2013、87）。

これを保育ソーシャルワークの場面で見たとき大西雅裕は、「利用者や周囲の環境がどのように変革を遂げていくか、またどのような状況になっているか等の確認を行うこと」であり、「支援開始後の経過を観察・評価すること」とする。目的は「計画通りに進んでいるか、利用者自身の変化やそれを取り巻く生活環境の変化等について把握すること」とする（橋本・直島編、2012、70）。計画が予定通り進捗しない場合の対処法については、「計画通りに進まないような状況になったり、利用者へのサービス提供にとって支障が出てきたりした場合は、計画の修正を行い、また場合によっては、再度アセスメントを行うことが必要となる」とする（同）。

モニタリングを含め、社会福祉における効果測定の困難さについて考えてみる。丹治光浩は効果測定法の開発の必要性を説く（丹治、2013、116-117）。これはグループワークについて論じるものであるが、「グループワークの有効性を実証することは、その継続的な取り組みのためにも重要である。ただし、グ

ループワークの効果は多様なので、まず何を測定するかを明確にしなければならない。そしてまた、集計や分析が簡単でありながらも客観性が保証されている手法を用いることが望まれる。その点では、観察法や面接法を用いた測定よりも統計的な検定にも耐えうる PUPIL 生徒指導検査、POEM 生徒理解カード、楽しい学校生活を送るためのアンケート（Q－U）などの質問紙検査の応用が考えられるが、いずれもグループワークの効果測定を目的に開発されたものではない。グループワークの効果測定を目的とした専用の評価尺度の開発が期待される」と指摘する。すなわち効果測定に客観性が保証されることが必要であるが評価尺度は未だ開発途上にあることが示されている。

保育ソーシャルワークにおいては、その定義や手法の体系化が生成発展している途中であり、保育ソーシャルワークに固有な効果測定さらにはその中でのモニタリング技法は開発途上であるといえる。

ソーシャルワークにおける効果測定では、利用者への効果的な技法は何かあるいは介入する頻度・強度はどの程度であるかが検討される。しかし、何をもって効果的といえるのか、そもそも援助者が介入したことが利用者の変化を促したといえるか否かについて十分な検討が加えられてきたか再考すべき余地も少なくない。芝野松次郎は2012年5月27日日本社会福祉学会第60回春季大会シンポジウムにおいて「実践評価の課題と展望　ミクロレベル実践の量的実践評価を中心に」と題した報告を行っている。この中で「効果測定手続きの変遷」について大要次のような指摘をする。「医療や心理の影響を受け、ソーシャルワークは有効なのかという問いかけがなされるようになる。『古典的集団比較実験計画法』に見られるような、実験的手続きによるコントロールが重視される。ソーシャルワークにおける集団比較実験デザインは、援助と、クライエントの問題やニーズの変化との間に因果関係があることを検証できるとする内的妥当性の担保を重視し、統制群を設け、無作為分配することが重視された。そして、他領域に倣い、偽薬群や他の援助方法を比較群として用いるより複雑な手法が紹介された。……母集団の特定、無作為抽出による同じ問題を抱えた被験者の大量確保、複数の比較群への無作為分配、均一な援助者の大量確保などなど、現実的な問題が多々あるために、ソーシャルワークでこうした実験的デザインを用いた効果測定が期待されたほど進展しているとは言い難い」。

評価を行うのに先んじて測定を行わなければならない。測定には、量的なものと質的なものがある。単に援助によって利用者が変化したか否かだけでなく、

どのように質的・量的に変化したかも明らかにされなければならない。しかしこの「どのように」は量的に表すことが可能なものだけではない。ソーシャルワークの場合にはむしろ数量的に表すことが困難なものも多く存在する。このため測定であるモニタリングにおいても量的測定ができないものをどうするかという困難が生じる。さらにはモニタリングを行うこと自体によって、利用者がモニタリングに反応し何らかの効果が生ずることが考えられる。仮に数量的に把握しようとするのであれば、モニタリングによる反応を差し引いて考えなければならない。保育ソーシャルワークにおいても効果を実証し、社会に対してその存在価値を明らかにするのであれば数値化が望ましいことは言うまでもない。しかし、数値化しにくい反応にこそ利用者の生活の改善の糸口となる事柄が含まれていることがあり全てを捨象することが必ずしも適切ではない。

（2）保育や他分野との相違

　保育における評価について、日浦直美は「保育の主体者である、子どもと保育者の生活の充実を尊重する姿勢が基本」であり「複雑な要因が組み合わさり、数量化の難しい保育の質をどのように評価するかについては、慎重な取り組みが必要であり、特に保育者自身の自主的評価の質の高さ」が問われるとしている（関口編、2012、344）。あわせて、保育の営みに他の分野の評価基準を直接当てはめることの危険性も指摘する。これによれば数量化困難であることはソーシャルワークと同じである。同書では、保育者自身が自主的な評価を行うことが強調されているが、この点はソーシャルワークよりも一層強いようである。

　保育以外の分野における効果測定の量的面と質的面について論じたものを参照してみたい。例えばマーケティングにおいて、清水聰らは量的面については「スーパーマーケットで販売される5つの商品カテゴリーについて、各ブランドの売上推移と検索数、およびブログ件数の関係について分析を行った。分析対象期間は2006年11月から2007年1月までの12週間である」、質的面は「ブログの与え得る最大限の影響をクリアにとりだし、かつ、閲覧したブログの内容も同時に把握するため、実験調査で行った。ここでの実験調査では、ブランドに対するイメージや購入意向等を質問した上で、対象者にブログを閲覧してもらい、閲覧後に同じ設問を聴取し、その変化をとらえた。」としている（清水・長谷川・高山、2008、65-68）。

　保育ソーシャルワークを実施した際においても、その効果が表れているか否

かを確かめなければならない。しかし、ソーシャルワークの効果は自然科学や経営学のような量的把握が困難である。社会における各般の影響からソーシャルワーク以外によってもたらされた影響を確実に除外して数量的に分析する方法が存在するか疑問だからである。これまでも、効果があったか否かをソーシャルワーカー自身が判定したり判断したりするにとどまり、その客観性を明らかにすることは実は度外視してきたのではないか。現実には、ソーシャルワークの効果自体を量的にはかることは厳密にはできないかもしれない。そのためより測定しやすい代替的な指標を用いて測定することが少なくない。

　効果を測定するためには、原因と結果が明確にされなければならない。これは、独立変数・従属変数の概念が用いられる。ソーシャルワークでは、独立変数は専門職による援助であり、従属変数はその結果である。湯浅は「起きた変化に援助がどれぐらい影響しているかを知るためには、実験群（援助を受けているグループ）のほかに統制群（援助を受けていないグループ）を設けるなど、一定の統制が必要」であるとする。同時に「それを実現することは実際には容易では（ない）」としている（久保・林・湯浅、2013、87-88）。他方「目標に向けての進歩があるかどうかを知るための方法を見出すことは可能」とする（同）。ソーシャルワークでは、原因と結果が必ずしも明確ではない。社会生活を営んでいく上においてソーシャルワーク以外からの作用を大きく受けそれに影響される。同様な条件において比較対照する対照群を設けることも倫理的配慮から容易ではない。対象者がソーシャルワークを必要としているにもかかわらずそれを実施しないこととなるからである。保育ソーシャルワークの場合にも対照群を設けることは援助を必要としている児童に適切な対応をしないことを意味する。これは児童の不利益につながる。ソーシャルワークによる働きかけの反応は、利用者個々人によって全く異なる。時間の経過や刺激を与えられたことによって変化する要素は変数の1つと考えられる。独立変数としてのソーシャルワークによる働きかけと従属変数としての利用者の行動や思考の変化が原因と結果であり、この間の因果関係が証明されなければならない。しかし、利用者の生来の性格や精神状態あるいは文化的背景から、ソーシャルワーカーの働きかけに対する反応が事前に想定される通常のものと全く異なるケースも一定程度あることも否定しがたい。

　仮にこれらの問題を解決し、ソーシャルワークの効果はどのような要素がどれくらい働きかけを行ったことによるかという割合を明らかにしようとすると

き、さらにそこには評価者の主観が入ってくる。いずれの要素を重視するか、その項目をいくつ立てるかによっても結論が全く異なる。さらに「よくできた」、「できた」など評価の割合は数値で表せるか、各項目の達成割合は他の項目との相互間で達成割合を同じ基準で評価しているかという疑問も発生する。

　藤井美和は、「ソーシャルワークが対象とする問題は、人の行動、感情、考え方等である」とする（平山・武田・藤井、2002、51）。そして「クライエントに何が起こっているのか、何が問題なのかを明らかにすることが測定の第一段階なのである」という。重要な点として「誰が正確な測定値を得る測定者（観察者）になることができるか」を問題にする。クライエント自身が正確な測定・記録ができればこの問題は解消するが、自己を冷静かつ正確に測定することは通常は困難であるといえよう。

　藤井は「クライエント以外の者が測定する場合は、ターゲット行動が客観的に観察できる行動でなければならない」としたうえで、観察者や第三者が測定する場合には限界があることを明らかにしている（平山・武田・藤井、2002、59）。それは、①クライエントの主観が測定できないこと、②観察者のバイアスが入る可能性である。②の対処法として「子どもの測定についての記録は、いつも身近に観察できる母親が行う方が現実的である。そのような場合は母親が正しく測定記録できるよう指導することが必要である」とする。ところで本章が問題としているのは保育ソーシャルワークである。ここでは父母と子どもの行動の変容が問題とされる。父母は自身で測定することも可能であるが、子どもの行動の変容の測定は父母が行うことも少なくないと考えられる。さらにその父母と子どもの関係については、所（園）内でも子どもを観察しているとはいえども、父母の情報に頼りながら保育者が評価（モニタリング）を行うことは容易なこととは考えられない。保育者への回答に観察者としての父母自身のバイアスが混入している危険が十分に考えられる。さらに、藤井は「測定は、必ず記録を伴う」とする。この理由として①明確にされターゲットを測定し系統的な記録をとることで正確となりより効果的な介入を期待することができる、②専門家の実践倫理として説明責任が要求される、という2つが示されている。

　ここで取り上げた問題点はモニタリングのみならず事後評価にも共通している。一方、モニタリングは、事前評価・事後評価とは異なり、途中経過を見守ることにその意義がある。ソーシャルワーク過程の中での事後評価との大きな

違いは、モニタリングを行うことによってそれ以後の援助関係において利用者の行動の変容が発生する可能性があることである。ただし、事後評価の場合もなんらかの事情で再度援助関係に入った場合には、事後評価がなされたこと（利用者とともに行われたこと）自体によって、援助関係にある利用者の行動が、仮に事後評価がなかった場合と比べて変化する可能性がある。

　ソーシャルワークは、日常的モニタリングが困難であるという問題もある。他分野における効果測定の量的面と質的面について論じたもの検討する。財務会計分野を例にとってみると、「社内不正を防止する内部統制」（しんわ税理士法人）のⅠ「内部統制とは」1-9「継続的なモニタリングの必要性」2「モニタリング方法」では、「日常的モニタリングとは、日常業務の過程で、その業務に携わっている担当者やその管理責任者によって行われる監視活動のこと」とする。日常的モニタリングは「通常業務の一部に取り込まれているため、チェックがリアルタイムで実施されるので、迅速なフィードバックが可能になるという利点」があるとしている。他方、ソーシャルワークの技術そして効果は個別性が強い。保育の場面においても、保育所などが保育士の援助活動や支援の際の発言について書面等から適否を日々判断することは困難である。また、金銭や財務情報とは異なり、計数したり突合することも難しい。

　評価要素のうち、どの部分をどれだけ割合で評価し集計するかも評価者の主観が大きい。国土交通省が設置した公共事業評価システム研究会が2002年8月に取りまとめた「公共事業評価の基本的考え方」（国交省、2002、6）によれば「公共事業実施の可否はいくつかの要素によって評価することが必要である。必要に応じてそれらの要素を総合化して評価する」とし、「各項目の評価は、その下位の項目の評価を重み付けして求める。重みは事業特性や地域特性を適切に反映するよう留意しつつ、一対比較に基づいて比較するか、あるいは多段階の項目間の相対比較により直接的に与えるかによって求められる。重み付けは、評価する人の価値観に基づいて変わるものであるので、この重み付け評価は複数の人によって行うべきであり、それにより得られた重みの分布などを表示することが必要である。この結果から得られた代表値を使って重み付けを行い、また重みの違いによる全体の評価の違いを分析する」とする。ソーシャルワークも、評価項目を挙げ、意図に応じた重み付けを行い、評点をつけ、合計するという過程をたどる。保育の場面も同じである。保育ソーシャルワークの効果測定においても、重み付け評価は複数の人によって行うべきである。しか

し評価項目に何を入れるかは主観的である。すべての人を納得させる評価項目は保育ソーシャルワークにおいても困難である。定量的評価を行う際に、例えば、子育て家庭への支援として必要性があるのか、必要性があるとしてどの部分かも問題となる。保育ソーシャルワークで定量的評価が求められるとするならば、研究活動で他の事例との比較・検討を行ったり、当該保育者の上司が保育活動における相談活動の成果を通して勤務評定などを行う場合がその多くを占めると考えられる。保育ソーシャルワーク固有の定量的評価は、相談者の悩みの軽減・行動の変容、子どもの行動変化などの場面において用いられるであろう。ただし、これを記録する手段が乏しいことは前述の通りである。

　なお、興那嶺は「サービスを提供する側においても、選ばれるサービスを提供する必要がある。では、どのようにこの『選ぶ』または『選ばれる』サービスを判断していくのだろうか」と問題提起する（興那嶺、2003、137）。保育ソーシャルワークの場合には、相談を受ける者が通所・通園している保育所・幼稚園の保育者であるから、最初において「選ぶ」あるいは評価されることによって「選ばれる」サービスという関係が乏しくなりがちである。事実上、担任保育士ないし相談を受け付けた保育士等に固定してしまうからである。

（3）測定すべき効果・観点

　測定すべき効果や観点は質的変化と量的変化がある。岡本民夫は「援助者自らの援助のあり方や方法に問題はないか、技術面における失敗はないか、計画の内容に不都合はないか、利用者の意向を十分考慮し参加の機会を用意したか、利用者に意味と価値のある計画と実践になっているか」などを挙げている（福祉士養成講座編集委員会編、2001、233）。

　これらを踏まえてなお問題となるのが、そもそも効果測定で測定すべき効果とは何かである。相談援助とりわけ保育分野においてはその効果の出現は長期にわたることが少なくない。科学や金融における効果測定とは大いに異なる。長期の効果測定と短期の効果測定の2つに分けて考えなければならない。

　保育・教育分野でこれを指摘するものもある。伊藤葉子は、測定すべき効果について、「一つは、短期的な効果であり、事前事後法などで検出可能なものである。量的指標を用いて、事前と事後の比較や、さらに活動中の指標を複数とることで、量的変化を見ることが可能であるし、それに質的な方法を組み合わせることで、量的な変化が生じる理由についても迫ることができる」「もう

一つは、長期的な効果である。縦断的な方法や回想的な方法が必要なばかりでなく、本人も気づきにくい効果なので、明確に検出することは困難である。また、他の経験ではなく、体験活動の効果であるという因果関係を示すことも困難である」「効果測定では、短期的効果を重視しがちになるが、長期的効果を見越したプログラム作りが、特に大切になる」とする（伊藤、2009、40）。効果測定では、短期的効果だけではなく長期的効果を見越したプログラム作りが重要である。

3 │ 考　察

（1）対象者による特性

本章では「子育て家庭の抱える多様なニーズに関する支援技術、すなわちソーシャルワーク視点やそのスキル」（日本保育ソーシャルワーク学会、2014、1）の中でモニタリングに焦点を当てた。ソーシャルワークの中でモニタリングは行われているのであるから、「保育ソーシャルワーク」であってもその特徴や問題点は基本的には異ならないと考える。ただし、「保育」ソーシャルワークであるから援助者はおおむねソーシャルワーク専門職以外の保育者であり、対象者が子どもの保護者や子ども自身であるという特徴が見られる。対象者の中に例えば0歳児のように言語によるコミュニケーションが難しい場合も存在することが、成人一般に対するソーシャルワークと大きく異なる。このことは効果を測定する上で、直接的な効果を当事者に言語で質問し回答を得ることを妨げ、必ずしも的を射ていない効果測定となる危険性を内包することとなる。この点では認知症等でコミュニケーションが困難になっている高齢者・障害者とその家族に対するソーシャルワークと共通する部分がある。

藤井は「誰が正確な測定値を得る測定者（観察者）になることができるか」を問題にしている（平山・武田・藤井、2002、58）。保育ソーシャルワークは当然子育て家庭の保護者や幼児を対象とするものであるが、その幼児自身に対して正確な測定・記録を求めることは非常に困難となる。とりわけ家庭内での様子について測定・記録を補うためには保護者からの聞き取りなどに頼らざるを得ない。それには保護者の主観が入ることは否めない。その結果によって援助の方向があるべき姿と異なるものとなる可能性がある。正確な回答を引き出すことができなければ、対処方法を立てられないし、ソーシャルワークによる介入

によって事態が悪化することも考えられる。これら限界を補い、少しでも援助を受ける当事者の意思を測定したり確認する方法が求められている。ただしそれは数値のみによる評価や物理的反応に限定されることがあってはならないことは言うまでもない。

（2）測定方法の開発・集積

保育ソーシャルワークの援助者はソーシャルワーク専門職ではない保育者であることが少なくない。保育領域で活用するためには社会福祉援助職以外の保育の専門職も理解可能であり、日常の保育業務の中で測定できるものでなければならない。ソーシャルワークを基盤としながらも、現場に応じた多様な測定方法が生まれることが求められる。

保育ソーシャルワークは確固とした地位を築きつつあるものの、その内容については発展途上の領域も少なくない。また、そもそもソーシャルワーク自体が、その実践結果である効果をいかに測定していくかが自然科学や財務会計と異なって数値で表しにくいものである。それら制約の中で保育ソーシャルワーク実践の効果をいかに測定していくかは今後も開拓されるべき領域である。保育領域の中での活動と測定であるから、保育現場で実際に測定する行為が可能なものでなければならない。実験結果の測定や数値一辺倒というわけにはいかない。保育領域で活用するためには社会福祉援助職以外の保育の専門職も理解可能であり、日常の保育業務の中で測定できるものでなければならない。ソーシャルワークを基盤としながらも、現場に応じた多様な測定方法が生まれることが考えられる。まず、その多様な測定方法が用いられ、集積されることによって真に効果を測定できる方法が生まれるのではなかろうか。アセスメントがソーシャルワーク一般の技法が用いやすいこととは異なり、モニタリングは保育活動と混然一体化してしまう可能性がある。この部分がモニタリング活動であるという意識を当事者が持ち、意図的にモニタリング活動を抽出するところから第一歩が始まるのではないかと考える。

おわりに

保育ソーシャルワークのモニタリングにおいても、科学的な体系を作り視覚化することが必要であるが、性質上困難な点も少なくない。さらには、保育現

場において実際に可能な方法であることが大切である。利用者にとっての効果の測定、援助者自身の実践の検証の両面から測定できるものであることが望ましい。

他分野で行われているモニタリングの取り組みを保育ソーシャルワークに取り入れつつ、モニタリング内容の充実と明確化を図っていくことが求められている。

引用・参考文献

伊藤葉子(2009)「保育体験学習のプログラム作りと効果測定(体験活動・体験学習のプログラム作りと効果測定をめぐって)」日本教育心理学会『教育心理学年報』第48号。
折笠秀樹(2000)「臨床試験における中間評価の必要性」『計量生物学』21巻特集号。
企業会計審議会(2015)「財務報告に係る内部統制の評価及び監査の基準並びに財務報告に係る内部統制の評価及び監査に関する実施基準の改訂について(意見書)」2015年3月30日。
久保美紀・林浩康・湯浅典人(2013)『相談援助』ミネルヴァ書房。
国土交通省公共事業評価システム研究会(2002)「公共事業評価の基本的考え方」(www.mlit.go.jp/kisha/kisha02/13/130830_.html、2017年12月18日最終確認)。
しんわ税理士法人「社内不正を防止する内部統制」(www.bizup.jp/solution_h/governance/01/01_09.html、2017年12月18日最終確認)。
芝野松次郎(2012)「実践評価の課題と展望　ミクロレベル実践の量的実践評価を中心に」『日本社会福祉学会第60回春季大会シンポジウム』抄録。
清水聰・長谷川想・高山佳子(2008)「ブログの効果測定——量的側面と質的側面——」『マーケティングジャーナル』第28巻第2号。
関口はつ江編(2012)『保育の基礎を培う保育原理』萌文書林。
丹治光浩(2013)「学校教育におけるグループワークの方法と課題」『花園大学社会福祉学部研究紀要』第21号。
鶴宏史(2009)「保育所におけるソーシャルワーク実践研究」大阪府立大学博士論文。
日本保育ソーシャルワーク学会編(2014)『保育ソーシャルワークの世界——理論と実践——』晃洋書房。
橋本好市・直島直樹(2012)『保育実践に求められるソーシャルワーク』ミネルヴァ書房。
平山尚・武田丈・藤井美和(2001)『ソーシャルワーク実践の評価方法』中央法規出版。
福祉士養成講座編集委員会(2003)『新版介護福祉士養成講座5 社会福祉援助技術(第2版)』中央法規出版。
福祉士養成講座編集委員会(2005)『新版社会福祉士養成講座8 社会福祉援助技術論Ⅰ』中央法規出版。
福祉士養成講座編集委員会(2005)『新版社会福祉士養成講座1 社会福祉原論(第3版)』中央法規出版。
福祉士養成講座編集委員会(2006)『新版介護福祉士養成講座2 老人福祉論(第4版)』中

央法規出版。
輿那嶺司（2003）「ソーシャルワーク実践評価におけるシングル・システム・デザインとその諸課題」『関西福祉大学研究紀要』第6号。

第9章
保育ソーシャルワーク実践研究Ⅰ
――ケースワークを中心に――

はじめに

　子育て家庭の子育て力の低下が指摘されて久しい。そのような中、従来は乳幼児の保育を主な役割として担ってきた保育所は、時代を経てその役割を拡充させてきた。1998年の児童福祉法改正に伴い、2000年に第2次改訂がなされた保育所保育指針（以下、「指針」とする）には、その第13章に「保育所における子育て支援及び職員の研修等」が加わり、その後の2008年に改定された保育所保育指針では、その第6章に新たに独立章として「保護者に対する支援」が明記され、保育所や保育士は、入所する子どもの保護者や地域の子育て家庭に対して支援を行う役割を担うことがそれまで以上に求められることとなった。そして、2017年3月、さらに指針は改定され、章名も「保護者に対する支援」から「子育て支援」へとかわったのである。

　この章名変更の意味するところは一体何か。2016年12月に提出された厚生労働省の社会保障審議会児童部会保育専門委員会による「保育所保育指針の改定に関する議論のとりまとめ」（以下、「とりまとめ」とする）には、「『保護者と連携して子どもの育ちを支える』視点を持って、子どもの育ちを保護者とともに喜び合うことを重視するとともに、保護者の養育する姿勢や力が伸びていくような、保護者自身の主体性、自己決定を尊重した支援を行うことが重要である」（厚生労働省社会保障審議会児童部会保育専門委員会、2016）と書かれている。つまり、指針の改定にあたり、一体誰を、何を対象として支援を行うのかという問いに対して、「保護者」を対象とする側面は当然もちながらも、「（親の）子育て」という営みのそれ自体に対して支援を行うという、いわば対象の再明確化が行われたと考えるのである。

　保育所や保育士の行う子育て支援を考えるとき、日々子どもや保護者と接す

る保育現場は、その特性から通常のソーシャルワークの視点だけでは語れない側面がある。とりまとめにあるよう、保育所において保護者の養育する姿勢や力が伸びていくよう保護者の主体性・自己決定を尊重した支援を行うためには、保育ソーシャルワークの視点は欠かせない。保育所や保育士が保護者に対して必要な支援を日々どのように行うべきかが、今大きく問われているのである。

本章では、保育ソーシャルワーク実践の中でもケースワークに関する実践について、筆者が園長を務めるふたば保育園（以下、「当園」とする）の事例を用いて検討し、支援の在り方を考察していく。具体的には、日々保護者と保育の内容や子どもの様子、また家庭の様子などをお互い伝え合うツールとして使われている連絡ノートにおける保育士と保護者のやりとりの内容を取り上げて分析・検討する。

連絡ノートについて、丸目満弓は、保育ソーシャルワークのツールとしての連絡帳（「連絡ノート」と同義）活用の可能性について、保育所の保育士を対象にアンケート調査を行った結果、連絡帳で使用されるソーシャルワーク機能には偏りはあるものの、連絡帳はソーシャルワークのツールとして活用できる可能性が高いことを明らかにしている。しかし同時に、保育士は連絡帳をソーシャルワークのツールであると認識していない場合もあり、結果としてソーシャルワーク的関わりを行なっているという現状を指摘し、「意識して行なっていることではないとすれば、現時点で連絡帳業務が専門性に基づいたソーシャルワーク実践であるとは言い難い」（丸目、2015、38）と述べている。

前述したように、本章では連絡ノートのやりとりの内容をもとに分析・検討するが、連絡ノートの記述内容自体を取り上げ、分析・検討したものは管見の限りではあるがあまり見られないことからも、本章を通じ、保育所や保育士の意識的実践への喚起、また研究者のさらなる議論の誘因となれば本懐である。

1 ふたば保育園の子育て支援の原理と理論

（1）子育て支援の原理

2017年に告示された現行指針には、保育所は「全体的な計画」を作成することが示されている。当園においても、当園の方針にもとづき「子育て支援」の項目を設けているが、この中に、子育て支援の前提となる「子育て支援の原理」を明記している（表9-1参照）。

表9-1　ふたば保育園　全体的な計画（2017年度）「子育て支援」項目
【子育て支援の原理】
① 保護者のありのままを理解
② 保護者・家庭の背景を理解
③ 保護者への受容・肯定・共感
④ 保護者に対して常に誠実
⑤ 保護者のニーズを把握・発掘
⑥ 保護者の力を信じる
⑦ 自己決定の尊重
⑧ 保護者へのエンパワメント
⑨ 多様で短長期的視点をもつ
⑩ 子どもと保護者の両方の幸せにつながる

　表9-1にあるように、当園では「子育て支援の原理」として10の原理を示しており、保護者に対して支援を行う際、これらを意識して行うように努めている。これらは、例えばリッチモンド（Richmond, M. E.）やバイスティック（Felix P. Biestek）の7原則などケースワークの理論を鑑みると自明なものもあるため、全てを説明するのは差し控えることとするが、この中の⑤「保護者のニーズを把握・発掘」について、ここで説明を加えたい。ここにある、「保護者のニーズを把握」することは当然のことであるが、さらに「発掘」とまで示したのは、保護者自身も気付いていないニーズを発掘していくことの重要性を含む必要があったからである。

　保育所は、常に子どもが存在したり保護者と日頃から関わっているからこそ、保護者のニーズを発掘することが可能となるし、ここに保育ソーシャルワークとしての独自性の1つをもつのではないかとも考えるのである。

（2）子育て支援の理論

　当園にて子育て支援が行われるとき、表9-1にある「子育て支援の原理」が意識されるよう努めていることは前述した。特に保護者に対する「ありのままの理解」「背景を理解」「受容・肯定・共感」といった姿勢は、支援を行う前提としての保護者との信頼関係構築にとって非常に重要なものであり、保護者への子育てに関する保育指導や何らかの相談に応じるなど特別なケースだけでなく、日頃の保護者との関わりの中で意識される。

　当園では、図9-1のように、園児が入園し保育が開始されたときから「子育て支援の原理」に留意し保護者と関わる中で、関係性が構築されていく。そ

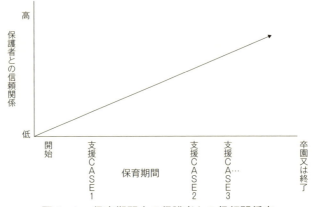

図9-1　保育期間中の保護者との信頼関係度

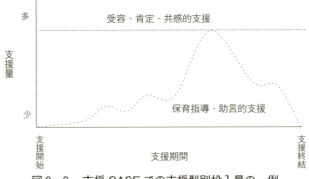

図9-2　支援CASEでの支援型別投入量の一例

して、図にある支援CASE 1、支援CASE 2、支援CASE 3……といったように卒退園などの保育終了までに支援が必要なケースが起きた場合には、適切な支援を繰り返しながら課題解決に向かう。それとともにさらなる信頼関係度を上げていくことに努めている。

　園児の保育期間中に支援が必要なケースが発生した場合には、図9-2のように大きく分けて2つの型の支援を行う。

　図9-2を参照されたいが、まず、支援開始時においては「受容・肯定・共感的支援」を重視し、それらを多く投入するが、「保育指導・助言的支援」に関しては対象とする保護者との信頼関係度にもよるが極力避ける。そして、支

援開始からまもなくは保育指導・助言的支援については適切なタイミングと量を見極め、少しずつその投入量を増やしたり、また減らしたりなどし、そこでの保護者の反応なども観察していく。そのように支援を続けながら、保護者との対話や諸状況を考慮したり、また各情報収集などを行なったりなどしながら、保護者との信頼が揺らがないところを見極めたとき、保育指導・助言的な支援を大きく投入するのである。そして、保護者が支援によってエンパワメントされ、解決や自立に向けて歩みはじめたと判断されたとき、保育指導・助言的支援の投入量は自ずと減っていくことになる。これが図9-2にみる支援の一例である。当然であるが、投入量の増減の程度や投入のタイミングなどは支援ケースによって違うことになる。

ここで、受容・肯定・共感的な「関わり」、保育指導・助言的な「関わり」と表さず、「支援」という言葉で表現していることにこだわりたい。『保育用語辞典［第8版］』(ミネルヴァ書房、2015年)によると、「支援」とは「乳幼児の成育に関するさまざまな課題や問題を解決するための積極的なかかわりを総称して『支援』という」(同、102)ことからも、行為としての「関わり」という意だけでなく、受容・肯定・共感的に関わること、また保育指導・助言的に関わることを総体として乳幼児のより良い成育や保護者を支えていく「支援」と考えていきたい。

本項の最後に付け加えておきたいことがある。それは図9-2からわかるように、保育指導・助言的支援はそれが投入されても受容・肯定・共感的支援の量については減らすことはない、また保育指導・助言的支援は受容・肯定・共感的支援の量を上回ることはないという点である。受容・肯定・共感的支援はそれほど重要であると考えている。

2 ｜ 保育ソーシャルワーク実践とその検討

(1) 保育ソーシャルワーク実践事例
―― 保育士と保護者の連絡ノートのやりとりから ――

本項では、我が子の日頃の様子に苦悩する母親Mが、担任保育士T（以下、「担任T」とする）との連絡ノートのやりとりを通じて我が子の姿を肯定的に捉えなおしていくプロセスを紹介する。支援の対象は、3歳児クラスの男児Aの30代前半の母親Mである。連絡ノートのやりとり時期は20XX年11月～12月で

あり、支援を開始したのは12月11日、支援の終結は12月17日である。以下、ノートの記述をみていく。

　なお倫理的配慮として、本項にて事例を紹介するにあたり、登場する人物が特定されないようアルファベット表記をすることも踏まえ、執筆に関して保護者へ了解を得ていることを特記したい。また、連絡ノートの記述に関しては忠実に記載するが、連絡ノートに使用されていた絵文字は外した。そして記述に関して分析・検討に必要ない部分については省略をした。また、記述に引かれた下線部及び下線部後のアルファベット記号、カタカナ記号は筆者によるものである。

【12月11日】
母親M：「昨夕は眠たかったのか、帰宅直後から1時間ほど怒り泣きのくりかえしでした。(中略) もう何をしてもダメでした。力も強くなり、先が思いやられます。(中学や高校になったらどうしよう…) と思いました（d）。」

　（d）にあるよう、Mの記述には、Aの姿に苦悩する様子がうかがえる。さらにAの将来の育ちに対する不安まで現れている。この日、園長である筆者（以下、「園長」とする）は、担任Tから記述内容の報告と苦悩するMへの対応について相談をうけたため、12月11日以前の連絡ノートの記述を確認した。

【11月28日】
母親M：「何を聞いても『嫌だ‼』のAちゃん。(中略) そのうち治るんでしょうか…（a）」
担任T：「お母さんに甘えたかったのかもしれないですね（ア）。(中略) 線の上を切るのが少し難しく、ザクッと切ってしまい『出来ん！』と言っていましたが、ゆっくりよく見て切ってみると思ったように切ることができたようで満足気でした（イ）。(後略)」

【11月29日】
母親M：「先生のご指摘のとおり"ゆっくりよく見て"が出来ません（b）。まずは説明…と思い話しても話の途中で奪い取って『Aがやる‼』…結局できません。…心配です

(c)。」
担任T:「興味があること、楽しいことにはすぐに取り組みたくなるのでしょうね！今は色んな事に興味を持っている時期なのかもしれません（ウ）。」

12月11日に見られたMの苦悩する姿はその日にはじまったわけではなく、それ以前の11月28日の記述（a）にもあるように、Aの「嫌だ」を繰り返す姿にそれが治るかを心配するMの姿が見られていた。担任Tはそれに対して、Mに「甘えたかったのでは」とAの心の内を察することを通じてMの心配を和らげたい意図で（ア）のように記述している。そして、続けてその日のAの日中の遊びの様子を伝えているのだが、注目すべきは、それに対する翌日のMの応答記述である。担任Tは（イ）のように、Aがハサミをはじめはうまく使えなかったがあとからできるようになったことを肯定的なこととしてMに伝えようとしたのだが、Mは翌日、（b）にあるようにAのできなかった姿の方に視点がいく否定的な記述が見られたのである。

保育や子育てにおいて、子どもの姿を肯定的に捉えることは重要である。Mは我が子であるAに対し、これまでもたくさんの愛情を注いでこられたこと、またAがかけがえのない存在であると十分に承知したうえで、Mが何らかの事情によりAを余裕をもって見ることができない状態にあると推察し、連絡ノートを通じてMの気持ちをやわらげ、肯定的にAの姿を捉えていけるように支援することを決定したのである。なお、本事例の支援については、その終結を「保護者が我が子の今の姿を肯定的に捉えていけるようになること」とした。

支援することを決定した後、園長と担任Tは話し合い、12月11日のMの記述に対して返答していく。以降、Mの記述に対して返答内容については園長と担任Tとで話し合い、返答内容を支援として意識的に行っていくことになる。

【12月11日】
母親M:「昨夕は眠たかったのか、帰宅直後から1時間ほど怒り泣きのくりかえしでした。（中略）もう何をしてもダメでした。力も強くなり、先が思いやられます。（中学や高校になったらどうしよう…）と思いました（d）。」
担任T:（前略）Aちゃんの色んな姿にご心配になるお母さんのお気持ち、わかります（エ）。このような姿も発達にとって大切なことだと思います（オ）ので、支えていきた

いと考えています（カ）。Aちゃんの心が落ち着いているときはどんな時ですか（キ）？　教えていただけるとまた保育園でも考えて出来ることを探したいと思います（ク）。（後略）」

　12月11日の返答であるが、まずはMの心配な気持ちに寄り添うことが大切であると考え（エ）のように記述し、続いて（オ）のように3歳児の発達やAの発達についてTの保育士という専門職の立場からの考えを伝えている。しかしながら、ここでMに対して「発達にとって大切であるから支えてください」などと直接的な保育指導・助言を行うのでなく、（カ）のように担任Tが自身の思いや行動を表していることに注目したい。このような表現は、支援開始まもないため直接的な保育指導・助言を極力避けながらも、単に保育士として何をしていくかを伝えるだけではなく、Mに対して間接的に今後のMの思いや行動に影響を与えたい、つまり気付きを与えたいと考えているからなのである。

　そしてさらに（キ）と（ク）である。（キ）にあるよう担任TがAの落ち着いている環境について情報収集しながら、（ク）にあるよう担任Tの行動を示していこうとする中で、実はMに対して落ち着いているAの姿を振り返るきっかけをつくりたいという意図があった。その振り返る時間が、最近Aの悩ましい姿ばかりにとらわれがちであったMに、Aのよい姿もいろいろあることに気づかせることになり、またM自身の気持ちもそれによって落ち着いてもらいたいという園長や担任Tの思いがそこに内在したのである。

【12月12日】
母親M：「ご心配をお掛けしてすみません…。（中略）Aちゃんが落ち着いている時はお気に入りのオモチャで集中して遊んでいる時、お休みとママとお布団に入った時だと思います（e）。（中略）心配は尽きませんが、1日1日向き合うしかないかなと思っています。ふたば保育園のおかげで安心感もあります！（f）」

　翌日のMの返答である。Mの記述には（e）にあるようにAが落ち着いているときをしっかり振り返り書いたと思われるものであった。そして、（f）には心配であるが向き合っていくこと、園のおかげで安心感があるなど、Mの気

持ちが前向きになってきていることがうかがえたのである。
　これを受けて、園長と担任Tは話し合い、以下の返答を担任Tにより行うこととした。

【12月12日】
母親M：（前に記載）
担任T：「(前略)　Aちゃんの落ち着いている時間、お知らせいただきありがとうございます（ケ）。Aちゃんが大好きなものに囲まれている時間なのですね（コ）。」

　担任Tからは、まず（ケ）のようにAの落ち着いている時間を知らせていただいたことへの感謝を伝えている。続いて、Aの落ち着いている時間について（コ）のように表現している。このことは、Mが知らせてくれた（e）にあるAの落ち着いている時の具体的な場面を「Aちゃんの大好きなものに囲まれている時間」と抽象化したことで、Mが（e）であげた場面以外でも落ち着いていることが想像でき、しいてはAはたくさんの落ち着いた姿があることに気付いて欲しいという願いもあったのである。

【12月13日】
母親M：「昨夕は、普段遅くてAちゃんと遊べないパパが早めに帰宅してAちゃんと遊んで、おフロに入ってくれました。楽しかったようでご機嫌です（g）。(後略)」

　翌12月13日のMの記述である。その昨晩、良いことが起きているのである。（g）の記述にあるよう、父親が久しぶりにAの遊び相手になるなど子育てに関わってくれ、Mの嬉しそうな様子が伝わってきたのである。父親は普段忙しくて早く帰ることがあまりないため、おそらく日頃Aの姿に1人苦悩していたであろうMにとって大きな出来事だったようである。
　それに伴い、Mの心に指導・助言を受け入れる土台ができてきていると推察されたため、ここで保育指導・助言的支援を行うこととし、担任Tは以下の返答をした。

【12月13日】
母親M：（前に記載）
担任T：「昨日は楽しい時間がすごせたようで良かったですね（サ）。今日、園長先生から私に、まずはありのままのAちゃんを受け止め、そしてAちゃんがAちゃんらしい時間を過ごせるような関わりをしていくようにと言われました。私も頑張っていきたいと思います（シ）。（後略）」

　担任Tは、（サ）にあるように前日良い時間を過ごせたことに対して応答的に共感をした。そして、それに続いて（シ）にあるよう担任TはAへの関わりについて、それまでこの連絡ノートのやりとりには登場しなかった、いわば第三者的存在の園長からTに対して指導・助言を受けたことをMに対して伝えたのである。このことは、前述と同様、Mに間接的に保育指導・助言を行うことで気付きを促したいという意図があったのである。

【12月14日】
母親M：「T先生、ご心配、ご配慮ありがとうございます（h）。保育園では元気いっぱいにお友達と楽しく過ごせているようなので安心しています（i）。成長の一過程としてAちゃんのサインを受け取っていくつもりです。関わり方についても考えていくつもりです。たまに大声を出して発散するのもありかな、と思ったりしてAちゃんに添っていこう！　と思います！（j）。」

　翌12月14日、（h）にあるようMからは担任Tへの感謝が綴られ、そして（i）にあるようAの保育園での姿に安心していること、さらに（j）にあるようAの今の姿を肯定的に捉え認めながら、Mが自身の今後の子育てに向けた行動を示したのである。園長による担任Tへの指導・助言は、おそらくMにとって担任Tが単なる子育ての指導・助言者という立場ではなく、共にAを育てていく協同者としての立場であることを強く認識させたのではないだろうか。

【12月16日】
母親M：「週末は仮面ライダーの映画を見に行き大喜びでした。スクリーンに向かって声を掛けたりジェスチャーしたり。可愛いAちゃんです。（中略）映画を見て内容が分かる年齢になったことにちょっと感動でした（k）。」

【12月17日】
母親M：「（前略＊映画のストーリーを知って）『ドラえもんがいなくなったら嫌だ。のびたくんとパパとママの所にいないとだめ』と…こんな優しい面もあるんだと思いました（l）。（後略）」

その後、（k）や（l）からわかるように、Aの良い面に気付き、喜ぶMの様子がうかがえたことから、支援開始時において支援の終結とした「保護者が我が子の今の姿を肯定的に捉えていけるようになること」がこれまでの連絡ノートのやりとりを通じて達成できたと判断し、一応の終結としたのである。終結以降も、担任Tは日常の連絡ノートのやりとりの中でMの気持ちに寄り添ったり、共感したり、またAの姿を肯定的な姿として伝えていくことは基本的なこととして継続した。一方、Mも、それ以降Aである我が子の姿や育ちを肯定的に受け止めながら前向きに子育てをしていった。

(2) 実践事例の検討

前項にて、担任Tと母親Mの連絡ノートを通じたやりとりを紹介した。本項では、『保育相談支援』（ミネルヴァ書房、2011年）にて示された保育相談支援技術例[1]を参考に、本事例において担任Tが使用した支援技術を整理、検討した（表9-2参照）。

表9-2からみると、保護者への支援にあたり保育士は様々な技術を使用していることがわかるが、本事例においては特に保育士による「(12) 対応の提示」[2]を一番多く使用していたことがわかった。しかしながら、本事例で使用した「(12) 対応の提示」は、間接的に保護者に気付きを促し、保育士と同様の対応へと導いている点に特徴があると考える。これは、直接的な保育指導・助言を好まない保護者にとっては有効だと思われる。また、担任Tの記述である

表9-2 事例における使用技術の整理

日付	担任Tの記述	使用された支援技術	母親Mの記述	母親Mの内面	母親Mの内面的変化
11月28日	（ア）	（3）状態の読み取り	（a）	不安	マイナス的感情
	（イ）	（8）伝達			
11月29日	（ウ）	（3）状態の読み取り	（b）（c）	心配	
12月11日	（エ）	（4）共感・同様の体感	（d）	苦悩	
	（オ）	（9）解説		心配	
	（カ）	（12）対応の提示		不安	
	（キ）	（2）情報収集（間接的気付き）			
	（ク）	（12）対応の提示（間接的気付き）			
12月12日	（ケ）	（保護者へ感謝）	（e）（f）	心配	プラス的感情
	（コ）	（9）解説		前向き・安心	
12月13日	（サ）	（4）共感・同様の体感	（g）	嬉しさ	
	（シ）	（12）対応の提示（間接的気付き）			
12月14日	－	－	（h）	感謝	
			（i）	安心	
			（j）	Aの肯定的捉え	
12月16日	－	－	（k）	Aの肯定的捉え	
12月17日	－	－	（l）	Aの肯定的捉え	

注：「使用された支援技術」にある番号は保育相談支援技術例で示された番号。

（キ）で使用された「（2）情報収集」なども、保護者に間接的な気付きを促している点として特徴的であると考える。

そして、『保育相談支援』（ミネルヴァ書房）にて示された保育相談支援技術例にはなく細かなことではあるが、担任Tの記述（ケ）にあるよう、保護者からの応答的情報提供などに対して感謝を伝えることもまた、保護者が保育士に対してオープン的となるうえで大切なことであろう。

以上、ここまで保育士と保護者の連絡ノートのやりとりを通じて保育士による子育ての支援の実際を事例をもとに検討してきた。そこでは、保育士が様々な支援技術を使用して支援を行っていることが明らかになった。さらに、「（2）情報収集」や「（12）対応の提示」によって保護者へ間接的な気付きを促すという新たな特徴的な関わりというのも示唆された。しかしながら、これらの特徴的な関わりが、他の保護者への有効であるのかについては検討の余地がある。今後、保護者の性格や保護者の抱える背景などとの関連も含めて今後の課題としたい。

3 ┃ 保育ソーシャルワーク実践におけるケースワーク
──その課題と展望──

（1）保育ソーシャルワーク実践におけるケースワークの課題

　これまで保育士と保護者の連絡ノートのやりとりを通じて子育て支援を行なった実際の事例を検討してきた。本項では、保育ソーシャルワーク実践におけるケースワークの課題として、2点指摘をしたい。

　1つめは、保護者自身が、自身の子育てに関する問題に気付いていない段階などにおいて保育所や保育士が問題を発掘した場合、その「問題を提起するのは一体誰なのか、そしてその場合、支援を開始するのは誰であり、さらに適時はいつか」ということである。山本真実は、「日々直接的に保育をしている関係においては逆に保護者が安心して心を開き、相談をするという状況になりにくい場合」（山本、2000、21）も考えられると指摘している。

　保育所では日常的に子どもや保護者と接することができるからこそ、日々の保護者の心の揺れ動きも敏感に捉えることができる。保護者の潜在的な子育てに関する不安や悩み、困りに気付いた保育所や保育士はそこに保護者の潜在的ニーズを見出す。そして、そこから保育所や保育士は課題解決に向けて支援を開始する。つまり当園の「子育て支援の原理」（表9-1参照）の⑤「保護者のニーズを把握・発掘」にあるよう、ニーズを「発掘」するのである。しかしながら保護者が安心して保育所や保育士へ相談をもちかけにくい関係性があった場合、問題を顕在化させ、保護者のニーズを外面化することは難しくなる。そうなると、そこに保護者の主体性が存在し得るのかは不透明であるといえよう。さらに、そもそもその場合は、保護者のニーズを的確に捉えることができるのかについて大きな疑問と課題を感じずにはいられないであろう。

　続いて2つめは、支援を行う際に「的確な支援が行えるのか」ということである。前述したように、保育所では日常的に子どもや保護者と接するため、子どもや保護者の性格や状況などをわかった気になってしまうことが考えられる。支援を行う際には、情報収集をしっかり行い、的確な支援を行う必要があるのにもかかわらず、わかった気になった支援は偏向的支援に陥る危険性を孕む可能性があることを指摘したい。

（2）保育ソーシャルワーク実践におけるケースワークの展望

　前項にて、保育ソーシャルワーク実践におけるケースワークの課題を指摘した。それは、保育所や保育士が子どもや保護者と日常的に接することから起きる課題であると考えられた。しかしながら、子どもや保護者と日常的に接するからこそ、そこには新たな展望を見いだすこともできる。

　それは、保育所や保育士はすでに「社会資源である」ということである。何度も述べるが、保育所や保育士は子どもや保護者と日常的に接しているからこそ、つまり、保育所や保育士による保護者に対する子育て支援は「すでに『保育所・保育士』が社会資源として『つながっている』上で機能するケースワーク」であるといえるのではないだろうか。

　そのような意味において考えたとき、保育ソーシャルワーク実践におけるケースワークで最大限の強みを発揮できるのは、やはり、保育士などが保護者との日常的なやりとりの中で悩みに気付いたり、保護者をさりげなく支えるような声かけをしたりなどの、きめ細やかな保護者の安心感につながる「支援の『予防』的機能」（無藤・汐見・砂上、2017、233）であろうし、本章で検討した事例はまさにその機能が発揮されようとした実践といえるのではないだろうか。

　今後、この「支援の『予防』的機能」について、ソーシャルワーク理論のみの視点からでもなく、保育学理論のみの視点からでもなく、「保育ソーシャルワーク学」としての視点から、多くの検証がなされていくことを期待したい。

おわりに

　本章では、保育ソーシャルワーク実践の中でもケースワークを中心として、保育士と保護者との連絡ノートのやりとりを通じて子育て支援を行なった事例をもとに検討をしてきた。しかしながら、本事例は、連絡ノートというツールについて検討したわけではない。本事例で見えてきたことは、日頃の直接的コミュニケーションの場でも援用ができるであろう。

　最後に、保育現場で日々保育や保護者に対する子育て支援に向き合う筆者として、保育現場が抱える子育て支援の問題についてたくさんあるが、ここではあえて2点指摘したい。

① 子どもに問題があるとすぐに親や家庭に問題があるのではと考える
② わかりきった保育指導・助言（は本当の支援にならない）

　保育現場では子どもに問題が起きたとき、①にあるよう、すぐに親や家庭に問題があるかのように話し合われることが多々あるように感じる。それは保育所や保育士が保護者と「共に」子どもを育てていくという観点から大きく外れてはいないだろうか。子どもを共に育てながら、成長や喜びは分かち合いながらも、問題については親へと責任を押し付けてしまう他責文化が内在する気がしてならないのである。

　続いて②にあるよう、保育現場では、わかりきった保育指導・助言が多いのではないかと感じる。例えば、「朝ごはんは大事ですから、毎日きちんと食べてきてくださいね」「愛情をもって接することが大事ですからね」などといったことは、保護者は保育所や保育士から言われなくても十分に承知している。重要なのは、「大切なことはわかっているのにできない」ということである。

　それらを踏まえ、保育所や保育士は子育て支援を行う際に何が求められるのか。保育ソーシャルワークにおいて大切なことは、保護者が子育ての主体として在ることであり、保護者の自己決定を尊重し、保護者自身が子育てを前向きに歩み進めることであることは自明であろうが、それと同時に保育所や保育士も共に子どもを育てる第2の主体（第1とは言わないまでも）として自覚することが非常に重要であると考える。

　真の意味で保育所や保育士が第2の主体となり得たならこそ、子どもの問題を他責文化にしない姿勢が現れてくるであろうし、また保育指導・助言の場においても、わかりきったことを伝えるのではなく、できない要因を共に考えていく、協同的姿勢が自ずと現れてくると考える。

注
1）『保育相談支援』（ミネルヴァ書房、2011年）にて示されている保育相談支援技術例は、全部で15の技術があり、大きく「受信型」と「発信型」に分けて整理されている。そして、「受信型」には、①観察、②情報収集、③状態の読み取り、④共感・同様の体感という4つの技術と、「発信型」には⑤承認、⑥支持、⑦気持ちの代弁、⑧伝達、⑨解説、⑩情報提供、⑪方法の提案、⑫対応の提示、⑬物理的環境の構成、⑭行動見本の提示、⑮体験の提供という11の技術を合わせて、計15の技術が示されている。

2)「対応の提示」とは注1)に示された⑫番目の技術であり、その「技術の解説」として「保育士が子どもや保護者に今後どのように対応するか、保育士側の対応を具体的に伝える技術」との解説がなされている。

引用・参考文献

柏女霊峰・橋本真紀編著(2011)『新・プリマーズ／保育　保育相談支援』ミネルヴァ書房。

厚生労働省社会保障審議会児童部会保育専門委員会「保育所保育指針の改定に関する議論のとりまとめ」(平成28年12月21日)。(http://www.mhlw.go.jp/file/05-Shingikai-12601000-Seisakutoukatsukan-Sanjikanshitsu_Shakaihoshoutantou/1_9.pdf、2017年7月28日最終確認)。

丸目満弓(2015)「保育ソーシャルワークのツールとしての連絡帳活用の可能性について」日本保育ソーシャルワーク学会編『保育ソーシャルワーク学研究』第1号。

無藤隆・汐見稔幸・砂上史子編(2017)『ここがポイント！　3法令ガイドブック——新しい『幼稚園教育要領』『保育所保育指針』『幼保連携型認定こども園教育・保育要領』の理解のために——』フレーベル館。

森上史朗・柏女霊峰編(2015)『保育用語辞典［第8版］』ミネルヴァ書房。

山本真実(2000)「保育所機能の多様化とソーシャルワーク」ソーシャワーク研究所編『ソーシャルワーク研究』第26巻第3号。

第10章
保育ソーシャルワーク実践研究Ⅱ
―― グループワークを中心に ――

はじめに

　ソーシャルワークとは、個人・家族・集団・地域社会、いずれの援助対象をとっても、援助対象者の変化と成長を支え、抱える問題解決を目指す社会福祉実践方法といえる。
　ここまで発展してきたソーシャルワーク理論に着目してみると、社会福祉実践独自の基礎的方法とされている3つが、ケースワーク、グループワーク、コミュニティ・オーガニゼーションである。これら3つの実践方法については、従前それぞれが独立する形で理論の発展にむけた研究が行われてきたが、近年では3つの相互関連性の必要性が強調されはじめ、統合化に向けた研究が加速してきている。しかしながら、今日のソーシャルワーク理論統合化という考え方に比重が置かれる時代にあっても、それぞれの実践方法の立場におけるソーシャルワーク実践という観点でみれば、やはり各実戦理論の固有性を重視すべきであるという考え方も根強く、それぞれの理論がその独自性のもと、目まぐるしく変化する社会背景に合わせ、絶えず進化を遂げていかなければならない。この点に関心を寄せて、最近のソーシャルワーク研究に注目した場合、スクールソーシャルワークや司法ソーシャルワークなど、これまでにはみられなかった新たなフィールドでソーシャルワークの在り方を模索しようとする研究が出現しており、直近では「保育」というフィールドに焦点をあて、「保育ソーシャルワーク」を鍵概念にしたソーシャルワーク研究もみられるようになってきた。社会が産み落とす様々なひずみが子育て問題や生活問題として表面化し、こうした研究の必要性を呼び起こしていると考えられる。
　本章では、とくに「保育」という領域にこれまでソーシャルワーク研究が焦点をあててこなかった反省、課題を強く認識した上で、保育ソーシャルワーク

の理論的発展には欠かせない基礎的方法の1つであるグループワークを取り上げ、保育分野における活用の意義と課題を中心に考察する。

1 グループワークの起源

(1) 海外におけるグループワークの起源
1) イギリスにおけるグループワークの起源

　グループワークの起源は、19世紀頃のイギリスに求めることができる。18世紀中頃より起こった産業革命は、機械制重工業の確立により生産力を飛躍的に向上させ、産業構造の変化とともに、資本主義の発達を加速させていく。ただ一方で、無産賃金労働者の増加と共に、貧困層の拡大、失業者の大量増加、そしてスラムの発生といった負の産物が生み出されていった。また、大都市への人口集中で生じた住宅問題や都市衛生環境の劣悪化、非行・犯罪の増加による治安悪化も深刻な社会問題となっていた。こうした状況の下、「エリザベス救貧法」(1601年) に代表される旧救貧法では、困窮者への社会的対応は機能せず人道主義的観点からも救貧行政の改革機運は高まるようになり、合理化や貧民処遇における質の改善をねらいとした「ギルバート法」(1782年) やバークシャー・パン法とも呼ばれる賃金補助制度としての「スピーナムランド制度」(1795年) が制定されるものの、根本的解決には至らなかった。

　貧困問題を中心とする課題が山積する中、当時イギリスで一定の貢献を果たしたのが、篤志家や慈善事業組織による民間活動であり、これら活動にグループワークの起源をみることができる。まず、今日のグループワークにつながる先駆的活動を展開したのが、1844年ジョージ・ウィリアムズ (Williams, G.) と11名の同士によってロンドンに創立されたYMCA (Young Men's Christian Association、「キリスト教青年会」) であり、その主たる活動は、聖書講読をはじめ祈祷会に参加するというグループ活動であった。当時のYMCA活動とグループワークの関係性について整理している野村武夫は、「YMCAはその活動に明確な目標をもち、会員 (メンバー) の人的交流やその影響を、会員相互の小集団活動をとおして一人ひとりの人格的成長と霊的発達を目指したところにグループワークの原形をみることができる」(野村、1999、33) と述べている。つまり、キリスト教信仰心の高揚というグループ全体の目標に向かい、聖書講読や祈祷会を通じたグループ活動の中でメンバー相互の人格的交わりあいから生

まれる個々人の変化及び成長が、今日のグループワーク理論起源の所以である。
　また、YMCAによる活動以外にもグループワーク発展に影響を与えたとされる取り組みを取り上げておけば、それはセツルメント運動がある。セツルメント運動はサミュエル・バーネット（Barnett Snmuel A.）が自らの担当教区であったロンドン・イーストエンド地区のスラム街で生活する教区民らの生活水準の低さを把握したことが契機とされる。当時、イギリスのスラム街では貧困が招く犯罪や疾病、無知といった問題が深刻化し、人々の生活改善が必要とされていた。こうした課題に取り組もうとバーネットと彼の考えに賛同した大学教師や学生たちは、貧困者の知的、物質的、精神的、文化的水準の底上げを目指し、その地区に住み込みでグループ活動を通じた社会改良運動を展開している。スラム街で住み込んだ教師や学生らがそこに住む住民と隣人、友人となり人格的な関わりから相互に影響し合うことで、多様な生活問題解決にむけた精神的醸成を図ろうとする試みに、グループワーク思想の先駆けがあったという見方ができる。

２）アメリカにおけるグループワークの起源
　アメリカにおけるグループワークも、その起源は19世紀後半のセツルメント運動に見出すことができる。
　南北戦争（1861～1865年）以後のアメリカは、1890年代に工業生産国世界第一位に躍り出るなど、資本主義の目覚ましい発展を遂げていく。その発展を支えた功労者は黒人労働者や移民であり、安価な賃金と働く者への健康を顧みない不衛生な労働設備環境下で長時間労働を担わされた彼らの姿があった。とくに都市部では、労働力需要とともに、こうした劣悪な環境での労働を強いられる賃金労働者は急増していき、労働問題は貧困、疾病、犯罪、住宅確保といった多様な問題へと派生させていった。さらに失業者もこの時期、大量に生み出されたことからアメリカにおいてもスラム街の出現が目立つようなる。問題の当事者であった労働者は労働条件改善を目指してデモやストライキで対抗するものの、結局、待ち受けていたのは制圧と弾圧であり、こうした運動も次第に停滞していった。
　各種の問題解決に対する公的救済への期待も薄まる中、一定の貢献を果たしたのがイギリスの歴史同様、やはりセツルメント運動であった。アメリカで最初のセツルメント施設とされているのが、1886年スタントン・コイト（Coit. S）がニューヨークで始めた「ネイバーフッド・ギルド」であり、1889年にシカゴ

にジェーン・アダムス（Addams, J.）らによって設立された「ハル・ハウス」も有名である。以降、アメリカでは1910年までにセツルメント拠点は移民の多い地区を中心に約400カ所まで急速に発達を遂げており、移民らにとっては生活水準の改善を図る上で欠くことができない社会活動の一環だったということは明らかである。

　そもそもセツルメントには、宗教家や教育関係者などがスラム街に移り住み、貧困で苦しむ住民に直接関わることで生活問題を改善しようとする活動や施設と解釈されているが、この時期のアメリカにおけるセツルメント活動は、各宗派の教会や大学がセツルメント母体となり、女性を中心とした担い手によって、移民らの社会生活適応や児童労働保護、女性参政権獲得といった社会改良につなげようとした点を特徴としてみることができる。また、各地で繰り広げられたセツルメントの共通性とは、クラブ活動を通じた教育プログラムや職業プログラム等の実施によって各種問題解決に接近しようと試みている部分にあり、こうしたグループ活動がその後のグループワーク発展の礎になったと考えられる。その他、アメリカでは愛国心や民主的態度の醸成、そして心身の成長発達促進といったねらいで展開されていた教育運動やレクリエーション運動、青少年団体運動などがグループワーク発展に寄与してきた活動として認識されている。

　今日のグループワークの起源につながる社会的取り組みについてイギリス、アメリカ両国の社会福祉の歴史を辿ることにより確認してきたが、その共通性は、貧困を中心とする生活問題の深刻化という社会背景を契機にして人道的あるいは宗教的立場から展開された民間社会改良運動を進めていく具体的活動手法だったという点で一致する。その手法の核になる部分は、グループが持つ力を利用することにより人々の精神面に感化し、個人の成長や変化を目指そうとする支援過程にある。繰り返しになるが、ソーシャルワーク実践としてのグループワーク理論の根幹となっているメンバー間の相互作用を媒介とし個人の成長を図るという目的に関連付けたときに、これら先駆的取り組みが今日のグループワーク理論に与えた影響は大きい。

（2）日本におけるグループワークの導入と発展

　日本におけるグループワークの歴史を辿ると、その主要な源流には戦前のセツルメント運動やYMCAをはじめとする青少年団体活動がある。まず、グループワークの歴史に纏わるセツルメントについては、1891年アメリカ婦人宣

教師アリス・アダムス（Adams, Alice. P.）が岡山市のスラム街に創設した日本最初のセツルメントである岡山博愛会や1897年トインビーの思想に影響を受けた片山潜らが東京・神田三崎町に設立したセツルメント施設としては日本で最初の「キングスレー館」が先駆けとされている。

　また、1880年代後半から1900年代初頭にかけて展開されたYMCAやYWCA、ボーイスカウト、ガールスカウトといった青少年団体による活動も少なからず今日のグループワークに影響を及ぼしている。中でもYMCAについては、1880（明治13）年にその組織が発足し、以後、文化、教育、体育、宗教活動の幅広い活動分野において小グループ活動が展開されており、少年事業やキャンプ活動にあっては、アメリカで実践されていたグループワーク手法の先駆的導入が確認されている。しかしながら、その後の十分なグループワークの展開にはつながらなかった。

　では、日本でグループワークが本格的に紹介、導入される時期はいつ頃か。それは、1949年頃という見方が大勢を占めている[2]。そのきっかけになるものが、当時、青少年団体や社会福祉従事者向けに開催された「グループワーク講習会」とされ、そこでの講師はアメリカのドロシア・サリバン（Sullivan, Dorother F.）女史が務め、教授内容にグループワークが確認されている。以降、その知識は社会教育分野や社会福祉分野において広く導入され、発展をみせることとなった。とくに社会教育の分野からみれば、戦後、民主化政策をすすめる日本において、いかに国民に対し民主主義思想を浸透させていくかが命題であり、それを実現するためにグループワークが活用された。また、社会福祉分野においては、障害児の人間形成を図るための指導効果を高める目的で、社会福祉実践面における導入が図られている。具体的には、「社会福祉の父」と称され、知的障害のある子どもたちへの福祉、教育に尽力した糸賀一雄が早くから社会福祉実践活動にグループワークを取り入れており、グループワークの実践が戦後日本の社会福祉実践活動に大きく影響を与えてきたことが窺える[3]。

　ソーシャルワークにおける方法論としてグループワークが体系的に理論化への試みがされる時期については、高度経済成長の歪が露呈しはじめた1960年代以降とされているが、日本でソーシャルワークに位置付けられるグループワーク理論の研究が遅れた理由を黒木保博は、「紹介されたグループワークはアメリカにおいてもまだソーシャルワークの方法論として体系化されたものではなかったこと、社会教育的方法と性格を持つものとして理解されたこと、当時の

わが国の社会風土では、自発的で自由なグループでのヨコの人間関係を基本とするグループワークは容易に理解されなかった」(黒木、1998、30)として解釈している。こうした事実を一旦確認した上で、1960年代から今日に至るまでのグループワーク研究については、時代ごとの社会背景と密接に関係しながら高まりをみせている。1960年代、経済政策が優先される中での日本の工業化がもたらす弊害は、インフレによる物価高をはじめ、都市部の人口過多、地方の衰退、公害・人権問題といった多種多様な生活問題の深刻化であった。これらの問題を解決すべく、生活改善に向けて各市民グループや互助グループなどが結成され、グループ活動を通じた運動が各地で展開されていくことになる。社会福祉実践活動家たちは、こうした生活問題解決に向けたグループ活動の活発化により更なるグループワークの理論体系化を必要としたことやアメリカでグループワークの理論体系化が本格化し、わが国にも研究的側面において導入されていったこと、また理論化が進むことで社会福祉援助方法論の１つとしてグループワークが位置付けられ、それが大学教育のカリキュラムに組み込まれ普及していったこと等がこの時期の日本におけるグループワーク発展には大きく関係している。1970年代以降は日本の高齢化社会突入を背景とし、在宅福祉政策が登場する時期である。こうした政策を進める足掛かりとして、実践面においてコミュニティケアを進める手法の１つとしてグループワークが求められたこともその背景にある。

2 グループワークの理解と方法

(1) グループワークとは何か

ソーシャルケースワークやコミュニティワークといった相談援助技術に比べると、グループワークという用語それ自体は一般社会に広く普及、浸透している。それはグループワークがグループを単位とした共同作業や共同活動の意味として捉えられている側面をもつためである。しかしながら、ソーシャルワークの中の対人援助の方法論として体系化されているグループワークは、単なるグループ共同作業や共同活動とは異なる。つまり、ソーシャルワークに組み込まれるグループワークは、生活上何らかの課題を抱える個人に対し、専門技術、専門知識、価値・倫理観をはじめとする専門性を備えたソーシャルワーカーが意図的かつ側面的なグループを媒介した関わりから、グループダイナミクス

（集団力学）を活用することで、個人の抱える問題解決にむけて変化と成長を促進させようとする援助手続きの総体のことを指す。ことさら、個人に対し何らかの変化を期待しようとするならば、それはグループに所属メンバーとグループ特性の有り様に左右されるということになり、この点に他の相談援助技術にはみられないグループワーク固有の機能性を見出すことができる。したがって、グループワーク展開における「個人」と「グループ」は相互作用の関係にあり、ソーシャルワーカーは、常にこの両者の動向に焦点を当てておく必要がある。グループワーク展開には欠かせない視点は、グループ全体の共通目標を設定し、メンバー間の相互作用を生み出す特質に応じた有用性をもつグループとして機能させながら、グループに所属する個々のメンバーの要求や置かれている状況把握をすすめ、それぞれ成長という自己実現を目指すという考え方にあるといえる。

（2） グループワークの方法
1） グループワークの展開過程──相互援助モデルを例として──

グループワークの理論モデルには、前出したセツルメントや青少年団体活動に用いられてきた伝統的実践モデルとしての「社会的目標モデル」や個人の治療、矯正を目的とする「治療モデル」等、いくつかの理論モデルが提唱されている。グループワークの援助過程についてみていくと、どの理論モデルに依拠するかによりそれは異なっている。今日のソーシャルワーク実践において、広く浸透し起用される理論モデルの1つにグレイス・コイル（G. Coyle）、ウィリアム・シュワルツ（W. Schwartz）、ヘレン・フィリップス（H. Phillips）らの提唱した「相互作用モデル」があるが、この理論モデルは「方法論統合化の視点から、グループを媒介としながら個人と社会組織が互いの利益のために相互援助システムとして機能することを目的にしている」（黒木、2004、167）。このモデルに依拠した場合、援助過程は① 準備期、② 開始期、③ 作業期、④ 終結期という一連の流れで進んでいくことになる。以下、各援助セクションの内容は以下の通りである。

①「準備期」

グループワーク援助開始前段階にあたるセクションが「準備期」である。準備期に係る作業では、ソーシャルワーカーが援助対象者に個別的働きかけを通じ、ニーズ充足のための適切な援助方法を選択、決定していかなければならな

い。そのためにソーシャルワーカー側に要求される能力がニーズを明確化する力量と援助方法選択のための判断力である。援助対象者のニーズ充足に向け、グループワーク活用が有効であると判断したならば、この準備期でグループの趣旨や目的、プログラム活動内容といったグループ計画を策定し、援助対象者として設定する既存のグループ構成メンバー、若しくはそれが存在しない場合には新規にグループ形成のためのメンバー募集を行うことになる。なお、メンバー募集にあたっては、その後に進めていこうとするプログラム内容次第で、メンバー募集に条件を課す場合もでてくることがあり、どのような形での募集方法が適切か、十分に検討していくことになる。

　ソーシャルワーカーは、グループを構成する全メンバーに対し、予備的接触を図っておくことであらかじめメンバー1人1人の抱えている不安や悩み、生活課題や目標、問題対処能力といった情報を掴むことが可能となる。この事前情報収集はグループワークの展開へのシミュレーションに役立てられる点で重要となる。また事前シミュレーションの実施も準備期での重要な作業であり、これはワーカー自身が援助に対する見通しをつけ、前もって障壁や問題を予測することで、実際の援助効果を高めるねらいがある。

② 開始期

　「開始期」とはメンバーによる初回の集まりからグループとして動き始めるまでの期間を指す。この段階ではソーシャルワーカーがメンバーとの間に援助関係樹立を目指し、働きかけていくことになるが、その際に重要になるのがグループ内の雰囲気を和らげていくという作業である。初回の会合で会するメンバー同士は、お互いの人間性や立場について分からないため、不安や緊張といった感情が生じやすい。メンバーらが抱くこうした感情は、グループ内にも硬い雰囲気となって波及することがあるため、ソーシャルワーカーはアイスブレーキングを効果的に活用することにより、グループの堅苦しさを取り除き、メンバー同士がリラックスして自由に発言、行動をとれるような活動の土台作りが求められることになる。また、グループにおけるソーシャルワーカーの存在意義に疑問が生じるメンバーもでてくることを想定しておきながら、グループにおけるソーシャルワーカーの立場や役割を説明する必要もある。何より、メンバー同士のつながりや仲間意識が芽生えるよう最大限の関心を払わなければならない。

　さらに、このセクションではグループが動き出すにあたりソーシャルワー

カーの所属機関とメンバーは援助契約を交わすことになる。機関によってもらされるグループワークがどのよう形で、どこまで展開されるのかをメンバーと確認し、支援の合意形成を図っておくことが必要となる。これは、あくまでもグループの趣旨や目的が曖昧になり、目標達成のための活動内容が漠然とし、メンバーが見通しを持てないことで過度に不安や混乱を生じさせないための配慮であり、今後のグループ活動において自分自身が置かれた存在意義や役割を見失わないようにするためである。こうした点をソーシャルワーカーは考慮し、メンバーとの間でグループの目標を一致させ、さらには双方の役割と責任を明確化する。契約の確認段階においてワーカーの動きとして重要になるのが、メンバーに対する説明は専門用語を控え、できる限り分かりやすく努めていくことである。そしてこの段階におけるワーカーの留意点としては契約内容がワーカー側から一方的に伝えられることなく、メンバーとの十分な協議の過程を経て、最終的な契約が交わされなければならないということである。

③「作業期」

「作業期」とはグループ内のメンバーが協力しあいながら、自分たちの作業課題に取り組み、成果がでるよう援助するセクションを指す。グループが徐々に発達・成熟化を遂げていく時期ともいわれるが、グループが発展していくためには、メンバーが自主的に自らの役割を発揮しながらグループに貢献できるような組織化が求められる。ソーシャルワーカーはメンバー個々人の持つ役割が発揮され、その役割を通してグループに貢献できているかを注視する必要がある。グループ内に、リーダーの存在やルール、メンバー同士が自由に意見をかわすことができる雰囲気ができ、そしてメンバー同士の信頼、協力関係が根付けばおのずとメンバーは自主的な役割行動に努めようとするはずである。グループ活動が次第に軌道に乗り始め、メンバーが自らの役割を遂行することによりグループ内から期待されているといった実感を持ち始めるとそこには自分自身の存在意義や価値が生み出され、グループ活動の円滑な継続にむけ、そのグループ独自の行動規範様式がでてくる。すなわち、これが「グループ規範」と呼ばれるものである。この規範によって、メンバー個人個人にはルールから逸脱しないための行動が求められ、ルールに従い、他のメンバーと一致した行動をとることでメンバーの一員として認められるようになる。グループ規範は他のメンバーの考えや行動に同調させるための一種の圧力的要素とも言われ、グループづくりには、ソーシャルワーカーがこの規範をいかに効果的に活用す

るかが支援のポイントとされている。

　ただし、ここまで述べてきたようなグループが順調に発展しない場合も想定される。具体的には、グループ活動においてメンバー同士の衝突、対立、争い、摩擦、そしてそこから派生するメンバーの孤立化などがそれを指す。こうした事態に対する適切な対処への鍵が、前述した準備期におけるシミュレーションである。ソーシャルワーカーはグループ内で生じているメンバーの関係性や抱える事態の状況を適切に見極め、冷静に対処することが要求されるが、その際重要になるのが、ソーシャルワーカーは、グループ活動の円滑な展開を阻むメンバー同士の衝突や対立等を俯瞰し否定的に捉えるのではなく、こうした障壁をメンバーたち自らの力で乗り越えることができた先には、メンバー同士の強固なつながりをもたらす可能性があるという肯定的考え方にある。

　④「終結期」

　「終結期」とは、グループワーク援助実践が終結へと向かい、それぞれメンバーの次のステージへの準備移行をサポートする段階を指す。

　グループワークを終結させる理由を、久保美紀は以下の3点に整理している。「第一に、グループが全体としても、個人としても、グループワークの目標が達成されグループとしての存在理由がなくなった場合、第二に、最初に計画していた予定の回数や期間が終了した場合、第三に、メンバーの目標が一致せず、そのまま継続してもグループワークの効果が期待できない場合」（久保、2015、70）がそれである。

　またこの段階では、終結に向かって生じるメンバー同士の様々な感情を分かち合う機会を設けることが求められる。グループの結束が強ければ強いほど、メンバーによっては、終結に伴って寂しさや怒り、喪失感といった否定的感情をもつ者、逆にグループ活動が持たらす成果への実感によって新たなステージへ挑戦しようとする意欲や関心、期待感をもつ者などが生まれ、グループ内には様々な感情が行き交う。ソーシャルワーカーはこうしたメンバーが抱く感情を受容し、ワーカー自ら抱く感情をも出し自由に分かちあうことでお互いの感情の整理に向かい関わっていく。その上で、改めてメンバー各々のグループ参加意義を確認する機会へつなげる必要がある。

　そして、終結期においてメンバーを次のステージに移行させるための重要な作業が「評価」となる。端的にいえば、個人、グループの目標達成状況をそれぞれ評価し、グループ活動を通し、個人の変化について確認していく。仮にそ

の変化が肯定的な変化、つまりメンバー自らの成長という形で実感できたならば、それは、次のステージに進むための大きな後押しとして期待が持てることになる。

2）グループワーカーの行動指針

　ソーシャルワーカーには、グループワーク実践の基本原則に基づいた行動が要求される。このグループワークの原則を導く基盤に横たわるソーシャルワーク実践共通の価値観、つまり「人間性への尊重」をはじめ、人間変化の可能性に対する尊重、個人の自由意思に基づく自己決定への尊重、主体性に基づく生活の尊重といった考え方である。こうした価値観を下敷きにしてもたらされるグループワーク活用を行う際の行動指針ともいうべき実践原則は、硯川眞旬（1986）、野村武夫（1999）、久保美紀（2009）らによって提示されているが、それらを踏まえ5つの主要実践原則について整理すれば、以下の通りとなる。

①「個別化」の原則

　グループワークがメンバー同士の相互作用を通し、個人の変化や成長を促進する援助実践であることを考慮するならば、この個別化の原則とは、グループに所属するメンバーを1人の人間として理解に努め、他とは異なる固有の存在として捉えようとする原則である。そして、もう1つがこうした独自性を持つメンバーによって構成されるグループそのものについても他のグループとは違う唯一無二の存在として捉える、つまりグループをも個別化するという視点を持つということになる。メンバー個人が変化を遂げるには、このグループの持つ特性や力が他のグループとは異なり、メンバー個人にとって影響を与えるものとしてみていかなければならない。

②「受容」の原則

　この原則は、グループワークの援助過程において、メンバーの価値観や思い、感情、言動、行動などその個性をあるがままに受け入れ、メンバー理解に努めようとするものである。
　そして、この原則にはグループメンバー同士における受容を促進していくことが求められる。受容することにより、メンバー個々人やグループの理解が促進され、ソーシャルワーカーの受容並びにメンバー同士の受容が行き交うと、グループ内には信頼関係に基づく安心感に包まれ、活動促進につながるとみなされている。

③「参加」の原則

　グループ内のメンバーの役割取得や共属意識を高めていき、グループ活動への主体性や参加意欲の促進を目指そうとする原則である。

　メンバーの参加によってプログラム活動がはじめて成立することを考慮すれば、グループワークにおいてこの原則がいかに重要になるか容易に理解できる。プログラム活動の経験による相互作用は、参加意欲の高低につながるという認識のもと、ソーシャルワーカーは各メンバーの能力に基づくプログラム活動を用意し、メンバー同士の交流促進への援助を行う必要がある。その際、鍵になるのが、グループメンバーの協力による共同作業を通じた目標達成を経験することでメンバー1人1人のグループ内での存在意義や役割を実感し、そして自信や成長への喜びといった肯定的感情が生み出されることである。このような経験を通じ参加意欲が高められるように支援することが重要となる。

④「葛藤解決」の原則

　当然、グループワーク展開においてメンバー同士が順調に、葛藤もなく進むとは考えにくい。その過程では、メンバー同士の意見の食い違いからくる衝突や対立も予想され、グループ内には目標達成を脅かす緊張や不安状態が生じることも十分に考えられる。ソーシャルワーカーはもちろんこうした状態になることも予見して援助実践に取り組む必要がある。こうした状況を緩和、解決するために備えておくべき援助原則の1つが「葛藤解決の原則」であるが、ソーシャルワーカーが中心となり、解決へ主導するというよりも、メンバーが主体的に助け合い乗り越えられる支援が要求される。また、グループワークの展開途中で生じるメンバー間の衝突や対立の中で生じる葛藤が解消された場合には、メンバー同士の結束が強固になると捉えていく柔軟な発想が重要である。

⑤「制限」の原則

　端的に言えば、グループが目標達成へ向かう過程において敷かれるべき規範、ルールを指す。それぞれのメンバーが活動の途中途中で生じる欲求や感情にブレーキをかけることなく動くならば、本来の個人、グループそれぞれの目標がずれていくことが予想される。ソーシャルワーカーは本来の目的を見失うことなく、それが横道にそれないように、プログラム活動において、各々メンバーが望ましい経験を重ね個々の成長していくために、必要に応じてメンバーの行動や言動等に制限や規制を加えていく。これはあくまでもメンバー個人のニーズ充足、つまり目標達成のための活動経験における質を高めるために意図的な

制限を加えるという考えに依拠するものとされている。

3 保育ソーシャルワークにおける
グループワーク活用の意義と課題

(1) 保育ソーシャルワークにおけるグループワークの対象

　ソーシャルワークの中のグループワークの位置付けは、個人・家族を対象とするメゾレベルで展開されるソーシャルワーク実践の方法形態であり、援助対象者に対するスクリーニングなしに活用を勧めるものではない。つまり、ソーシャルワーカーは援助対象者が抱えているニーズ情報から問題解決に向けての最適な援助方法がグループワークであることを認めたときに活用することになる。こうした考え方は1960年代のグループワーク理論構築代表的人物シュワルツ（W. Schwartz）のグループワーク理論に依拠するものである。また、シュワルツのグループワーク理論において特筆すべき点は、1960年代までのグループワーク理論発展史の中で、様々な論者によって次々とグループワーク理論モデルが提唱される中で、ソーシャルワーク理論の外でグループワーク理論が独自性をもちながら発展していく状況を危惧し、警鐘を鳴らそうとした点に見出せる。

　では、このグループワークが保育分野において活用される場合、援助対象者は誰を想定すべきか。それは2つの援助対象が考えられる。1つは「子ども」を対象として保育実践の中にグループワークを導入する場合である。今般、新たに改定された「保育所保育指針（平成29年厚生労働省告示第117号）」では、子ども自身の健康、安全といった、生活に必要な基本的な習慣や態度を養い、心身の健康の基礎を培うことや、生命、自然及び社会の事象についての興味や関心を育て、それらに対する豊かな心情や思考力の芽生えを培う等の保育目標が規定されている。保育者には、この保育目標に向かい、子どもの実態とその先にある保育者の願う子どもの成長への姿を重ね合わせながら、保育のねらいに基づき子どもに経験させたい活動内容を構想していくための一定の論理的思考力とそれを展開できる実践力が要求される。グループワークはこうした実践を支える手段の1つであり、子どもたちのグループの力動性を生かした遊びや活動内容が保育者の立てたねらい達成において最適な援助手段であると判断した場合に、その活用が進めてられていく。

そして、もう1つが「保護者」を対象とし、子育て支援にグループワークを活用する場合が考えられる。保護者の子育て支援にグループワークを活用する場合、それは直接的にその機能が作用する場合と間接的に作用する場合の2通りがある。前者は子どもの発育・発達への不安や子どもの養育方法に係る問題など、保護者の直接的な子育て問題にグループワークを活用する場合であり、後者は子育て問題を生み出す原因となる生活問題にアプローチする場合が考えられる。

（2）保育ソーシャルワークにおけるグループワークの活用の意義

今日、日々のくらしの営みに不安やストレスを抱え、子育てにゆとりをなくしている保護者に対する支援の重要性は極めて高くなってきている。厚生労働省が公表する2015（平成27）年「人口減少に関する意識調査」[4]では、回答者の7割以上が子育てに対し何らかの負担や不安を抱えていることが明らかとなっている。また、その負担、不安の内容については、「子育ての出費がかさむ」といった経済的な不安から「自分の時間が持てない」、「子育てによる身体的、精神的疲れ」、「子育てについて相談する相手がいない」といった内容までみられ、家族や地域からの子育てへの協力が得られず、身体的、精神的かつ経済的にも負担を強いられながらゆとりを持てずに子育てあたる家庭の姿がみられる。

子育て経験を持つ祖父母や近親者、そして近隣住民らが、子育てを担っている保護者の情緒的支えとなり、子育てに関する知恵や情報を出し合いながら多くの手によって子育てを行うという構図は崩れており、そのことが、これまで以上に子育てに負担やストレスを抱える保護者を生み出す要因の1つになっている。核家族化による家族構成や家族内協力体制の変化、そして地域のつながりの希薄化がもたらす社会的交流の縮小、さらには、市場の成果主義の強調がもたらす長時間労働や雇用形態の変容をはじめとする雇用・労働問題の深刻化が加われば、保護者は子育てや生活面で不安やストレスを抱え、それが不適切な養育や児童虐待、家庭内不和やドメスティック・バイオレンス（DV）といった問題にまで発展していくことにもなる。こうした問題を断ち切るには、一定の時間をかけ組織的に社会の仕組みを改良するソーシャルアクションにその取り組みが委ねられることになるが、現に切迫した危機的状況下に置かれている保護者に対しては、迅速かつ適切な手段での問題解決が必要とされる。こうした要求に応える個別的対応手段の1つがグループワークということになる。

ここで改めて、保育現場にグループワークを導入する効果を確認しておきたい。

　子どもに対する保育の実践面での効果については、前述のとおり、保育者が子ども同士のグループの力動性を生かした遊びや活動をねらいに設定する際に、あらかじめ援助セクションと手順が決まっているグループワークを導入、展開することで計画的かつ管理的に保育活動をすすめやすい点にある。また、個人並びにグループの目標達成状況を設定しておくことにより、評価のセクションで子ども個人とグループの成長を確認しやすいことがあげられる。

　また、保護者の子育て支援におけるグループワークの効果については、家庭や地域から孤立化し、子育てや生活にゆとりをなくすことで子育てや生活に課題を抱える保護者らが、グループを形成し、そしてグループを媒介することによって、保護者同士のつながりが生まれ、相互作用の中から、保護者１人１人が困難な境遇を乗り越える力をつけ成長する機会が得られるということに他ならない。

（3）保育ソーシャルワークにおけるグループワークの課題

　1990年以前までのソーシャルワーク理論に着目している平山尚は、ソーシャルワークの理論的発展には３つの顕著な傾向があることを指摘している。「その第１はソーシャルワーク方法の統合理論の発展である。すなわち個人、家族、グループと三つの異なった実体に共通に応用される統合理論の発達を意味する。第二の傾向は、以前から存在するケースワーク、グループワーク、コミュニティ・オーガニゼーションという方法論をさらに明確化、組織化しようとする努力である。そして第三の傾向として、特にこの10年位注目を集めているもので、調査により実証された知識と技術を基本として実践方法論を構成していこうとする動向である」（平山、1998、164）。

　平山が論じるところを借りて、それ以降のソーシャルワーク理論的発展についてみてみると、それは第１の傾向、つまり統合理論へより比重が置かれるようになってきているといえる。これは、1990年代に打ち出された社会福祉基礎構造改革により、社会福祉のメインストリームが地域福祉に移行し、ひいてはソーシャルワーク理論にも大きく影響を与えていることが関係していると考えられる。地域福祉の発展には、個人が抱える課題解決を目指す個別社会福祉実践だけにとどまらず、ソーシャルワーカーが個人の抱える課題が地域まで拡が

りを見せていないか常に確認し、仮にそれが地域共通課題まで及ぶ場合には、地域を援助対象にしながら、その課題解決を目指していかなければならない。こうした要求に応えるソーシャルワーク実践方法が、近年改めて注目されているコミュニティソーシャルワークであり、それは地域福祉の推進を図るためには欠かせない個人、家族、集団、地域へのアプローチを統合する実践方法でもある。個人、家族、グループ、さらには地域社会をも対象に取り込み、援助方法を統合化するソーシャルワーク理論発展への流れに沿ってグループワーク理論を発展させていくには、グループワークが特定のグループメンバーに対し完結される援助方法という見方で完結させるのではなく、永野典詞（永野、2011、27）や山本真美（山本、2000、197）によっても指摘されているように、個を対象にするケースワークと、個あるいは小集団が抱える問題の集合体である地域問題を対象とするコミュニティワークをつなぐ機能をいかに高めていけるかが理論構築に課せられる当面の課題である。

　一方で、目下の課題には社会福祉領域全般で発達してきたグループワーク理論をそのまま保育領域に援用するのではなく、保育ソーシャルワークにおけるグループワーク理論として発達させていくことである。今日の保育現場で子どもや保護者を対象にグループワーク理論を拠り所にして意識的にグループワーク実践が行われている場面は少ないと考えられる。こうした背景には、保育現場でグループワークが誰によって、どのように、どこまで扱われるべきかといった、いわゆる援助主体や援助方法、範囲の設定といった課題が解決できておらず、保育現場で効果的に活用される固有の理論が求められるにもかかわらず、それがいまだに未成熟であることが関係していると考えられる。

　国際ソーシャルワーカー連盟（IFSW）のソーシャルワークの定義からは、ソーシャルワーク専門職は、人間の福利（ウィルビーイング）の増進を目指すことが指摘されているように、子どもや保護者にとっての利益を最優先する視点から、グループワーク援助機能を最も高めていく点で、その主体や方法論を議論することや、ケース特性の分析次第では、園組織で担当すべきなのか、或いは極めて高い専門性が要求されるケースの場合には社会福祉士等が所属する外部の専門相談支援機関に橋渡しすべきなのか、といった点まで含めて議論することが必要となってくる。

　こうした議論において保育現場で活用されるべきグループワーク理論の道筋が立っていくためには、何より保育ソーシャルワーク理論それ自体が成熟化で

きるかが重要である。ここまでの保育ソーシャルワーク実践理論における課題をめぐっては、保育領域で適用されるソーシャルワークの独自理論、つまりその概念化や保育ソーシャルワークの主体、援助対象の設定といった課題などが指摘されているが、こうした課題が克服されていくことで、保育ソーシャルワークにおける援助方法としてのグループワーク理論構築が徐々に前進していくと考えられる。

おわりに

　ここでは、保育現場でグループワークが意識的に活用されている場面がいまだに少ないということを改めて指摘しておきたい。
　これは、前述の通り、グループワークの主体や援助対象などが明確に定まっておらず、グループワークの実際の進め方やその有用性が保育現場に浸透していないことが関係している。したがって、保育ソーシャルワークにおけるグループワーク理論が体系化していけば、より多くの保育実践場面でグループワークの導入の可能性が高まっていくものと思われる。繰り返し指摘することになるが、保育現場で効果を上げるグループワーク理論を構築していくための留意点とは、ここまでのソーシャルワークの中で発展してきた既存のグループワーク理論をそのまま保育現場へ援用するといった考え方ではなく、あくまで「保育ソーシャルワークに位置づけられるグループワーク」という関係性のもとで考究されることである。保育ソーシャルワークが目指す子どもや保護者の人間の福利の増進のために、他の社会福祉領域にはみられない保育現場の特性を生かした独自のグループワーク理論を模索していかなければならない。
　こうした保育施設で活用できるグループワークの理論的課題が克服されていけば、グループワークの専門性を保育者に容易に伝達でき、それが広く現場でグループワークが活用されるようになれば、実践の成果は蓄積され、グループワークの有用性の向上にもつながっていくと考えられる。
　今後はこうした論点をおさえた保育ソーシャルワークにおけるグループワークの理論研究の活発化が待たれるところである。

注
1）今日に至るまでのソーシャルワーク方法論の体系化に着目した場合、それは直接援助、

間接援助、関連援助の方法に分類、整理しながら、方法論を発展させてきたソーシャルワーク研究の歴史的流れがあるが、大塚達雄によれば幅広いソーシャルワークの方法の中でも、「社会福祉に固有なものとみなされているのは、やはりケースワークなど基礎的方法と称しているいわゆる3つのものである」との見解を示している。大塚達雄（1998）「ソーシャルワークにおけるグループワーク」大塚達雄・硯川眞旬・黒木保博編『グループワーク論――ソーシャルワーク実践のために――』ミネルヴァ書房、p. 9。

2）服部正によれば、1948年10月に開催された文部省による「青少年教育指導者講習会」において講師として招聘したドロシア・サリバン（D. Sullivan）による1949年におこなわれた講義が、戦後アメリカからの最初の導入とみなすのが定説となっている」と指摘している。なお、1949年7月に厚生省主催のグループワーク講習会を開催しているが、サリバンによるグループワーク講義が先行している。服部正著（1980）「教科としてのソーシャル・グループワーク論：その30年史」大阪社会事業短期大学『社会問題研究』1980、30（2・3・4）、pp.103-116。

3）知的障害児施設「近江学園」、重症心身障害児施設「びわこ学園」など創設し、戦後日本の障害児の福祉及び教育の発展に大きく貢献したとされる糸賀一雄は社会福祉施設において障害児の生活指導や教育活動の効果を上げるためにケースワークやグループワークの積極的に取り入れようとしていたことが、1952年の『近江学園年報』第4号の糸賀の報告より確認されている。なお、この寄稿は、本論で紹介しているサリヴァン女史によるグループワーク講習会開催から3年後とされている。野村武夫（1999）『はじめて学ぶグループワーク』ミネルヴァ書房、p.53。

4）調査は、人口減少社会に関する意識の傾向を捉え、「平成27年版厚生労働白書」の作成などに当たっての資料を得ることを目的とされている。対象者は15歳から79歳までの男女3,000人であり、全国を8つのブロックに分け、子育てや親世代との同居、近所づきあいや移住などに関する質問について、回答を求めている。本章での記述内容については調査項目4.「出産・子育て」の中の「子育てをして負担・不安に思うこと」、「具体的な負担・不安の内容」に関する結果を参考としている。山本真実（2000）「保育所機能の多様化とソーシャルワーク」ソーシャルワーク研究所編『ソーシャルワーク研究』第26巻第3号。

引用・参考文献

一番ヶ瀬康子・高島進編（1981）『社会福祉の歴史　講座社会福祉第2巻』有斐閣。

伊藤良高・桐原誠・宮﨑由紀子・香﨑智郁代・永野典詞（2013）「保育ソーシャルワークの視点からの『子育て支援コーディネーター』に関する研究――資格・資質・養成――を中心に」『熊本学園大学論集総合科学』第19巻第2号。

伊藤良高・永野典詞・中谷彪編（2011）『保育ソーシャルワークのフロンティア』晃洋書房。

今井靖親・坂鏡子（2001）「保育所における子育て支援の現状と課題（4）アンケート調査結果からみた育児困難の実態」桜花学園大学研究紀要編集委員会編『桜花学園大学研究紀要』。

大塚達雄（1998）「ソーシャルワークにおけるグループワーク」大塚達雄・硯川眞旬・黒

木保博編『グループワーク論——ソーシャルワーク実践のために——』ミネルヴァ書房。
大利一雄（2006）『グループワーク理論とその導き方』勁草書房。
川村隆彦（2003）『事例と演習を通して学ぶソーシャルワーク』中央法規出版。
北島英治（2008）『ソーシャルワーク論』ミネルヴァ書房。
木原活信（2007）「Ⅲ社会福祉の歴的展開4アメリカの社会福祉　②慈善事業・セツルメントと範疇扶助」仲村優一・一番ヶ瀬康子・右田紀久恵監修　岡本民夫・田端光美・濱野一郎・古川孝順・宮田和明編『エンサイクロペディア社会福祉学』中央法規出版。
久保美紀（2015）「グループを活用した相談援助」社会福祉士養成講座編集委員会編『新・社会福祉士養成講座　相談援助の理論と方法Ⅱ』。
黒木保博（1998）「グループワークの生成と発展」大塚達雄・硯川眞旬・黒木保博編前掲書。
黒木保博（2004）「集団援助技術の意義・定義」福祉士養成講座編集委員会編『新版社会福祉士養成講座8社会福祉援助技術論Ⅰ第2版』。
黒木保博・横山穰・水野良也・岩間伸之（2007）『グループワークの専門技術——対人援助のための77の方法——』。
雀部寿恵（1971）「ソーシャル・グループ・ワークの概念に関する一考察」園田学園女子大学論文集編集委員会編『園田学園女子大学論文集』通号6。
ダグラス、トム（2008）『ベーシック・グループワーク』杉本敏夫・渡辺嘉久監訳、晃洋書房。
土田美世子（2012）『保育ソーシャルワーク支援論』明石書店。
トーズランド、ロナルド・W、ライバス、ロバート・F（2012）『グループワーク入門あらゆる場で役にたつアイデアと活用法』野村豊子監訳。
中島修・菱沼幹男（2016）『コミュニティソーシャルワークの理論と実践』中央法規。
永野典詞（2011）「保育ソーシャルワークと保護者支援・子育て支援」伊藤良高・永野典詞・中谷彪編前掲書。
野村武夫（1999）『はじめて学ぶグループワーク』ミネルヴァ書房。
平山尚（1998）「最近のソーシャルワーク理論」大塚達雄・硯川眞旬・黒木保博編前掲書。
山本佳代子（2014）「保育ソーシャルワーク研究の動向と課題」日本保育ソーシャルワーク学会編『保育ソーシャルワークの世界——理論と実践——』晃洋書房。
山本真実（2000）「保育所機能の多様化とソーシャルワーク」ソーシャルワーク研究所編『ソーシャルワーク研究』第26巻第3号。

第11章
保育ソーシャルワーク実践研究Ⅲ
——コミュニティワークを中心に——

はじめに

　本章では、まず子育て家庭を含めた地域住民の生活状況や意識について整理し、その上で子育て家庭の地域での生活課題の懸念について提示する。次にソーシャルワーク領域において地域への支援として位置付けられる、コミュニティワークとコミュニティソーシャルワークの概要および機能について説明する。

　さらに地域における子育て家庭への支援として進められるコミュニティワークとコミュニティソーシャルワークの内容について示し、保育におけるコミュニティワークの事例提示と事例分析を踏まえて考察を進める。まとめとして、保育ソーシャルワークとして地域においてどのような視点でコミュニティワークやコミュニティソーシャルワークを意識して支援展開することが必要であるのかという視点を示した上で、地域における子育て家庭に対する個別支援の必要性と、生活課題の解決に向けた支援ネットワークの重要性について指摘する。

1　地域における保育ソーシャルワークの位置付け

（1）地域での保育ソーシャルワークの必要性
　子どもとその保護者の生活を取り巻く生活環境は近年大きく変化し続けている。これらの生活環境の変化も相まって子どもの保護者が抱える子育て不安や子育て困難課題が数多く出現し顕在化する様子や、潜在的な課題も山積していると考えられる。

　地域での子育て環境について考察するにあたり、子育て家庭を含めた地域住民の意識について検討する。厚生労働省は人口減少社会に関する意識を調査す

るため、2013年3月に15歳から79歳までの年齢層に対して「人口減少社会に関する意識調査」を実施し、回答されたデータの3000件を対象に分析し、同年10月に当該結果を公表した。その結果、近所づきあいの度合いで「互いに相談したり日用品の貸し借りをするなど、生活面で協力しあっている人」と回答した割合は「0人」が65.6%と最も多く、次いで「1人」が12.3%などとなり、平均は0.9人となった（表11-1）。また「日常的に立ち話をする程度のつきあいの人」についても、最も多かった「0人」の回答が38.5%となった一方で、「5人」以上の選択肢の合計が26.0%となるなど、回答に大きな差が見られる結果となった。

その反面で「出産・子育てのために必要なこと」についての項目では、「地域や近隣の支え合い意識」について「ある程度必要、大事」と回答した割合が57.7%と最も多く、次ぐ「とても必要、大事」の18.5%と合わせると全体の7割以上が地域や近隣の支え合い意識であるという結果が明らかとなった（表11-2）。また同様に子育て中の保護者の利用できる社会資源に関する設問として、「母親同士の交流や相談の場が身近に利用できること」について「ある程度必

表11-1　近所づきあい

	0人	1人	2人	3人	4人	5人	6人	7人	8人	9人	10人以上
互いに相談したり日用品の貸し借りをするなど、生活面で協力しあっている人	65.6%	12.3%	10.5%	6.1%	1.0%	3.2%	0.2%	0.0%	0.2%	0.0%	1.0%
日常的に立ち話をする程度のつきあいの人	38.5%	9.6%	11.4%	12.0%	3.0%	13.6%	2.1%	0.3%	0.3%	0.7%	9.0%

注：自由記述で人数を回答。
出所：厚生労働省（2013）「人口減少社会に関する意識調査」。

表11-2　出産・子育てのために必要なこと

	とても重要、大事	ある程度重要、大事	それほど必要、大事ではない	まったく必要、大事ではない
地域や近隣の支え合い意識	18.5%	57.7%	20.2%	3.7%
母親同士の交流や相談の場が身近に利用できること	16.4%	56.6%	23.2%	3.8%

出所：厚生労働省（2013）「人口減少社会に関する意識調査」。

要、大事」が56.6％と最も多く、次ぐ「とても必要、大事」の16.4％をあわせた全体の7割以上が母親同士の交流や相談の場が身近に利用できる環境が必要であると回答している。

　この結果について整理すると、地域における子育て家庭を取り巻く地域との日頃の関係性について密に保っている層とほとんどないという層に二極化している一方で、子育て環境として地域や近隣との支え合いが必要であるという認識や、母親などの子育て中の保護者の交流の機会や相談の場を求める意識は高いことが明らかとなっている。このことから地域での関係性への期待の差はあるものの、子育てに関する有用な地域における資源や地域との関係性は必要とされることから、地域においてゆるやかな子育て家庭へのかかわりやサポートの実施と、子育てを支えるコミュニティづくり、子育て家庭が活用できる支援体制を整えていくことが期待されるといえる。

　また上記の状況を示す別の根拠として、他の調査データからも考察する。内閣府は2013年10月に全国の20歳から79歳までの男女の3000名を対象に「家族と地域における子育てに関する意識調査」として家族形成についての意識に関する個別面接調査を実施し、晩婚化等による家族形成の阻害要因や要望について分析を試みている（有効回収数1639人（有効回答率54.6％））。この調査のうち地域での子育て支援環境づくりについての意識として「子育てをする人にとって、地域の支えは重要だと思いますか」の設問で、全体の57.1％が「とても重要だと思う」と回答し、「やや重要」と合わせて9割以上が重要だと思うと回答している（表11-3）。

　以上のことから子育てをする環境として地域での地域住民等の支えが必要で

表11-3　子育てをする人にとって、地域の支えは重要だと思いますか

	とても重要だと思う	やや重要だと思う	どちらとも言えない	あまり重要ではないと思う	全く重要ではないと思う	わからない
全体（n＝1639）	57.1%	33.8%	6.7%	1.8%	0.2%	0.4%
男性（n＝723）	56.6%	33.6%	7.2%	2.1%	0.1%	0.4%
女性（n＝916）	57.5%	34.0%	6.2%	1.6%	0.3%	0.3%

出所：内閣府（2014）「家族と地域における子育てに関する意識調査結果」。

あるとの認識が高まっている一方で、日頃の住民の関係性を保持する機会が少ないという課題が生じているといえるのと推察される。この課題の解決に向けて対応するには、子育て環境として子育て家庭を地域から孤立させることがないように、子育て家庭に対する地域住民等の支えを地域でどのように構築することができるかが求められる。あわせて子どもや保護者の生活環境を専門的に捉えて支援を進める保育シャルワークとして、地域に対してどのようにアプローチして介入していくのかについて検討することや、保育領域のみならず福祉・医療・保健・教育の分野など隣接領域の支援と連携しながら地域にある社会資源に対する働きかけを進めることが必要である。

　さらに別の視点として、子育て家庭の孤立の延長線上の課題として存在する、子どもに対する保護者からの虐待についての懸念がある。わが国の児童虐待件数は年々増加しており、厚生労働省によると全国の児童相談所での児童虐待相談対応件数は2016年度の速報値で12万2578件を突破している（厚生労働省、2017a）。子どもに対する虐待は、子どもの虐待に至る前の防止策と、万が一発生した場合においても深刻化させないためにも、子育て家庭を取り巻く地域等における早期発見・早期対応が重要である。また地域住民等に児童虐待の発見することが期待されており、同時に児童虐待の防止等に関する法律の第6条において地域住民を包含して児童虐待の通告義務を課しているためである。このように地域住民に対する児童虐待発見の際の通告義務を示している一方で、地域住民にこれらの対応を求めるためには、地域住民と子育て家庭から一定の関わりや相互の存在の意識化が必要であるといえる。この点から考えると、保育者の保育の専門性の1つとして、地域の子育て家庭と地域住民の日常的な関係性を保つことができるように、ゆるやかな相互のつながりが構築されるように支援することを位置付けていく必要があると考えられる。このためには保育者には子育て家庭と地域住民等の地域の社会資源の双方に視野を持ちながら、地域住民や地域における社会環境に積極的にアプローチする役割があるという認識が必要である。このように地域に対して働きかけを行うには、保育ソーシャルワークとしてコミュニティワークやコミュニティソーシャルワークの技法を用いた援助展開を進めることが求められる。

（2）地域での子育て支援活動と保育ソーシャルワーク

　地域では子育て家庭を対象とした多様な支援体制が広く構築されている。図

第11章　保育ソーシャルワーク実践研究Ⅲ　　169

11-1は子育て家庭の地域（圏域、エリア）の位置と子育て家庭に関する支援機関・組織や支援活動等の社会資源の一例を示したものである。地域に対する概念は圏域の捉え方など多義的な要素が含まれる。さらに各々の地域の圏域にはその範囲において子どもや保護者の生活を支えるための相談機関や支援組織が存在する。例として子育て家庭に近接する自治会・町内会の圏域での子どもや保護者に対する身近な見守り活動から、県域や広域に設置される子どもへの虐待や非行等の緊急性が高い内容や、子どもの発達や障がいに関する内容など支援の必要性が高い内容についての相談・対応機関である福祉事務所や児童相談所等の行政機関に至るまで、それぞれの圏域ごとで子どもやその保護者に対する支援体制が構築されていることがわかる。また設置者や運営者も、公的責任として援助を進める行政機関（フォーマルサポート）から、児童福祉法等の各種

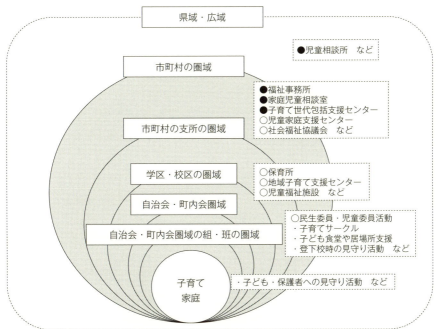

●が行政による機関、〇が各種法令に基づく行政以外の支援組織など、・が民間による支援体制など

図11-1　子育て家庭の地域（圏域）の位置と子育て家庭に関する地域の社会資源（イメージ）

出所：全国社会福祉協議会（2008）「これからの地域福祉のあり方に関する研究会報告書　『地域における「新たな支え合い」を求めて──住民と行政の協働による新しい福祉──』を参考に筆者作成。

法令等に基づいて設置される支援組織、民間による支援組織等（インフォーマルサポート）など多岐にわたっている。このほか図には示していないが、子育て家庭の近隣住民とのかかわり（近所づきあい）なども存在しており、これらの近隣住民との人間関係等も含めて、地域にある子どもと保護者の生活する子育て家庭に関連する資源と捉えることが必要である。

　この視点を理解するため、次に地域とコミュニティの関係性と概念について検討する。コミュニティの概念が最初に示されたのはアメリカのマッキーバー（R. M. MacIver）が1917年に著した *Community* とされる。この書籍において、コミュニティは、① 共同生活、② 地域性、③ 地域社会感情の3点を備えた社会とされている。またマッキーバーの指摘を受けてこれ以降も他の研究者がコミュニティの概念化についての論究を進めている。その1つとして倉田和四生はコミュニティについて概念規定を示しており、それによればコミュニティは「① 一定の地域に、② 居住する住民が、③ 相互に交流した結果、④ 共同感情が芽生え、⑤ その地域社会が抱え持つ課題を認識し、⑥ 解決に向かって協働してゆく地域社会」（倉田、1999、138-139）と定義している。この定義に基づいてコミュニティの機能について検討する際、地域という一定の地域性（圏域）のみでは不十分であり、地域住民の生活を含めた地域基盤の向上を捉えて、地域が有する機能を生かすためにも地域共同体として相互の交流や関係性が必要であるといえる。これらの指摘から、保育ソーシャルワークとして支援を進めるには、子どものウェルビーイングと子育て家庭の生活向上を図るという意識のもとで地域機能を活性化させる働きかけをするとともに、コミュニティ形成に向けて子育て家庭と地域住民との有機的な関係をどのように構築することができるのかという視座に立つことが求められる。そのためには地域全体のアセスメント実施と、地域への働きかけの戦略を含めたプランニングの立案を踏まえた支援展開が必要である。またこれは地域住民との関係性に限定したものではなく、先述した多様な社会資源との関係性についても同様であり、単純に社会資源の開発や設置を進めるだけではなく、これらの社会資源と子どもとその保護者との日常における関係性をどのように形成するのかということや、万が一の際に子どもや子どもの保護者から相談しやすいようにアクセシビリティについても検討し、充実させる必要があるといえる。

（3）保育でのコミュニティワーク・コミュニティソーシャルワークの展開

　ソーシャルワーク領域では地域に対する援助を地域福祉実践として捉え、これまで2つのアプローチを用いて展開している。1つがコミュニティの形成を視野に入れた地域における社会資源の開発やコミュニティの機能化をめざした援助と、もう1つが地域住民の個別の生活課題の解決に向けた援助であり、前者をコミュニティワーク、後者をコミュニティソーシャルワークとして位置付けている。

　コミュニティワークとは、峯本佳世子が「地域住民それぞれの人間発達、加齢、障害、家庭経済、家族機能に伴うさまざまな生活困難に対し、住民が主体的に制度的サービスを利用できるように援助する方法であり、さらに住民組織やボランティアなどの協力で地域社会に必要な制度やサービスを作り出して、その生活困難を緩和し解決していく方法」（峯本、2004、63-64）（筆者傍点）と説明するように、地域住民の生活上で発生する生活困難状況や生活課題、福祉ニーズの解決に向けて、住民自身が主体的に制度等の公的な社会資源を活用することや、必要とされる場合は必要な制度やサービスを地域社会に創出することなどにより課題の解決を図るものである。このようにコミュニティワークは地域において社会資源を開発するなど、地域に対する働きかけを主軸とした地域の環境づくりを中心に展開するため、地域福祉実践領域では地域支援と呼ばれている。そしてこのコミュニティワークでは、地域住民の個別の生活課題について固有の課題としてのみ捉えるのではなく、他の地域住民にも起こり得る生活課題としてこれらの課題を普遍化（一般化）することでコミュニティに存在する課題として位置付けて明確化を図っていくことも行われる。このようなコミュニティにおける多様な課題の解決には、公的な援助（フォーマルサポート）とともに、民間等による支援（インフォーマルサポート）の両方が活用できるようにすることが必要である。このような社会資源の活用のためには、地域にある支援組織等とネットワークを形成するなど連携することや、支援機能の整備や支援内容の充実に向けて働きかけることが必要である。

　このほか民間による支援を進める主体としてとりわけ期待されているのが地域住民である。それは地域住民がコミュニティに存在する生活課題を自らのコミュニティの課題として認識し、課題解決に向けて地域の有志で組織化するなど、必要な方法によってこれらの課題解決に向けて動くことが可能であるためである。このように進めるためには地域住民がコミュニティに対して意識を持

ち、地域に存在する課題に対して認識した上で、具体的な福祉活動として進めていくためにはコミュニティ全体を捉え、地域住民にその必要性を促していく専門性が必要である。現在はこの専門性をもとに援助を進める専門職をコミュニティワーカー等と称して、社会福祉協議会等に配置されている。

　もう一方のコミュニティソーシャルワークとは、コミュニティの個々の住民に焦点を充て、地域における生活上の課題等を抱える個人や家族に対して個別支援を中心に進め、既存の制度や地域の社会資源の活用等を通して具体的な個別の生活課題の解決を図る援助である。コミュニティソーシャルワークは公式には1982年のイギリスのバークレイ報告ではじめて用いられた言葉とされ、個人やグループに影響を与えている様々な問題に対して、フォーマルやインフォーマルの社会資源を開発や資源化を通して生活環境の整備を進めていくものである。なお現在、コミュニティソーシャルワークの専門性をもとに援助を進める専門職をコミュニティソーシャルワーカーと称して、一部の市町村の行政機関や市町村社会福祉協議会等に配置されている。

　なお、コミュニティワークやコミュニティソーシャルワークは、各々独立して援助を進められるものではなく、地域住民の生活基盤を整えるための環境づくりや、地域住民の中でも個別支援が必要となった際の利用者に対する支援として、援助展開の過程や方法は異なるものの、いずれの援助も地域全体あるいは地域の住民に所在する生活課題の解決に向けて進められるものである。つまりコミュニティワークとコミュニティソーシャルワークは相互に密接に関係し、援助を進める際にも不可分的に位置づいて展開されることが必要である。

　なお、保育領域においてもコミュニティワークやコミュニティワークで活用される地域での多様な支援や社会資源が多く存在している。具体的な支援の1つとして、地域子育て支援拠点における支援があげられる。地域子育て支援拠点事業は児童福祉法で規定されており、そのなかで「乳児又は幼児及びその保護者が相互の交流を行う場所を開設し、子育てについての相談、情報の提供、助言その他の援助を行う事業」（第6条の36号）と規定されており、2016年度現在で全国に7063カ所（内訳：一般型6320カ所、連携型743カ所）が設置されている（厚生労働省、2017b）。第1章で示した通り地域における子育て支援の必要性が高まる中、地域子育て支援拠点は、主に市町村の公共施設や保育所、児童館等の地域の身近な場所において設置されている。地域子育て支援拠点では主に、① 子育て親子の交流の場の提供と交流の促進、② 子育て等に関する相談、援

助の実施、③地域の子育て関連情報の提供、④子育て及び子育て支援に関する講習等の実施等が行われている。また地域子育て支援拠点事業にはNPOなど多様な主体が参画しており、地域の支え合いや子育て中の当事者による支え合いにより、地域の子育て力を向上が期待されている。この地域子育て支援拠点事業では、地域の子どもと子育て中の保護者に対しての個別の状況にあわせた支援（コミュニティソーシャルワークによる支援）とともに、地域の子育て関連情報の収集等を通して地域の関係機関や組織との連携（コミュニティワークによる支援）等を進めている。あわせて厚生労働省が定める地域子育て支援拠点事業実施要綱において、地域子育て支援拠点事業の実施にあたり「近隣地域の拠点施設は、互いに連携・協力し、情報の交換・共有を行うよう努めるとともに、保育所、福祉事務所、児童相談所、保健所、児童委員（主任児童委員）、医療機関

○子育て家庭や妊産婦が、教育・保育施設や地域子ども・子育て支援事業、保険・医療・福祉等の関係機関を円滑に利用できるように、身近な場所での相談や情報提供、助言等必要な支援を行うとともに、関係機関との連絡調整、連携・協働の体制づくり等を行う

基本型

【利用者支援】★ 地域子育て支援拠点等の身近な場所で、 ○子育て家庭等から日常的に相談を受け、個別のニーズ等を把握 ○子育て支援に関する情報の収集・提供 ○子育て支援事業や保育所等の利用に当たっての助言・支援 →当事者の目線に立った、寄り添い型の支援	【地域連携】◎ ○より効果的に利用者が必要とする支援につながるよう、地域の関係機関との連絡調整、連携・協働の体制づくり ○地域に展開する子育て支援資源の育成 ○地域で必要な社会資源の開発等 →地域における、子育て支援のネットワークに基づく支援
特定型（いわゆる「保育コンシェルジュ」）★ ○主として市区町村の窓口で、子育て家庭等から保育サービスに関する相談に応じ、地域における保育所や各種の保育サービスに関する情報提供や利用に向けての支援などを行う	母子保健型★ ○主として市町村保健センター等で、保健師等の専門職が、妊娠期から子育て期にわたるまでの母子保健や育児に関する妊産婦等からの様々な相談に応じ、その状況を継続的に把握し、支援を必要とするものが利用できる母子保健サービス等の情報提供を行うとともに、関係機関と協力して支援プランの策定などを行う

◎が主にコミュニティワークの専門性が、★がコミュニティソーシャルワークの専門性が期待されると思われる支援

図11-2　利用者支援事業

出所：厚生労働省（2015）「利用者支援事業とは（概要）」をもとに筆者作成。

等と連携を密にし、効果的かつ積極的に実施するよう努めること」(厚生労働省、2017c)と、地域における関係機関との連携について努力義務を課しており、地域内での子育て家庭への支援体制の構築を図るという面からコミュニティワーク機能を持ち支援展開されるように方向性を示している。このように地域子育て支援拠点では、コミュニティワークとコミュニティソーシャルワークの両方の機能を有した支援活動が展開されている。このほか、地域における保育に関連する事業として利用者支援事業がある。利用者支援事業とは子ども子育て支援新制度の一環として子育て家庭や妊産婦への支援を行うために制度化された事業で、2016年度現在で全国に1445カ所(内訳：基本型471カ所、特定型341カ所、母子保健型633カ所)が設置されている(厚生労働省、2017d)。利用者支援事業の内容として、総合的な利用者支援(子育て家庭の個別ニーズについての相談、利用支援、情報収集等の実施)と、地域連携(子育て支援の関係機関との連絡調整や連携、地域で必要な子育てに関する社会資源の開発等を実施)となっている。この支援内容について図11-2で整理するように、利用者支援事業においてもコミュニティワークの専門性を有した支援とコミュニティソーシャルワークの専門性を有した支援の両方がパッケージ化された事業となっている。

2 コミュニティにおける保育に関する事例検討

次にコミュニティにおける保育に関する事例を踏まえて、保育領域としてのコミュニティワークやコミュニティソーシャルワークの展開についての方法や在り方などについて検討を進めていく。なお、本事例は実際に地域子育て支援センターのスタッフ(保育士)にヒアリングを行った上でその事例内容をもとに考察を進めるが、この中で個別事例が登場するため、個人が特定されないように事例の主旨が変わらない範囲において一部加工して論じていく。また本事例の使用にあたり、当該地域子育て支援センターの管理者に了解を得るとともに、個人情報が表出していないことを確認した上で記述していく。

(1) 事例整理
〈概要〉
　A市は2017年現在で人口約20万人弱、人口統計で用いられる年少人口(0歳から14歳まで)の人口割合が約12%前後、65歳以上の高齢化を示す高齢化率は約

25％前後である。A市では子どもに関する事業として、子育て支援センターが市内に6か所設置されている（すべてA市の委託事業として社会福祉法人の保育所等やNPO法人が運営）。それぞれの子育て支援センターでは、特に乳幼児の子どもとその子どもを育てる保護者が利用できるように開設されており、おおむね平日の毎日、9時頃から16時頃まで開設されているところが多い。

プログラムとして子育て支援センターの遊戯室での自由あそびのほか、親子の運動あそびやふれあいあそび、手作りおもちゃの作成、食育講座、医師や保健師、保育士等の専門職による子育てや子どもの健康に関する講習会や、必要な家庭には個別の相談会を実施するなど、多様な支援が行われている。

〈ある地域子育て支援センターでの事例内容〉

ある日、週に数回程度の頻度で地域子育て支援センター（以下、子育て支援センター）を利用する子どもの保護者のBさんから、スタッフ（保育士）のCさんが次のような相談を受けた。Bさんは「センターがあって本当に助かっています。うちの子ども（1歳5カ月）もセンターに来ると機嫌がよく、他の子どもさんにも仲良くしてもらっています。私もスタッフの方や他のお母さんとも知り合いになり、子育ての様子についてお互いにお話しできています。実は2か月ほど前に、私の住むマンションの同じフロアに引っ越してこられた親子がいて、そのお母さん（Dさん）の様子が少し気になっていて。このお宅のお父さんの姿は見かけたことがなく、どうもお母さんだけでその息子さんを1人で育てておられるようです。朝も夜もその息子さんの鳴き声と、お母さんの困って叫ばれる声がよく聞こえてくるのですが、そのお母さんになかなか声をかけられなくて。またお母さんもあまり地域の人たちと関わろうとされない様子で、私が廊下などで顔を合わせて挨拶しても軽く会釈だけされて目線を外されることが何度もあって。よく知っている家庭の方ならこの子育て支援センターのことなども紹介したいと思うのですが、気になりながらもどうすることもできなくて」と伝えてきた。Cさんは、Bさんからの話を丁寧に聴き取り、Bさんに対して「お話しくださってありがとうございます。センターとしてもそのご家庭にどのように支援できるかについて検討してみます」と伝えた。

スタッフのCさんはBさんからの話について子育て支援センターの運営会議で報告した。運営会議には、子育て支援センターの管理者とスタッフのほか、子育て支援センターの運営委員に参画しているA市の保育課の職員、主任児童委員等が参加している。その会議での報告を受け、市の保育課の職員より現時

点ではDさんの子どもの虐待相談としては上がっていないことが確認された。一方で状況によっては支援を要する可能性があると共有され、対応について協議した。その結果、Dさん自身からは相談が上がってきていないため、現時点では大きく2つの支援として、①Bさんや地域の民生委員・児童委員による緩やかに見守りを続けてもらえるように依頼すること、②子育て支援センターが子育て家庭向けに作成・発行している地域情報誌をDさん宅に届けることを理由に訪問することとなった。

　数日後、子育て支援センターの管理者とスタッフのCさんの2名でDさん宅へ訪問した。Dさんは最初怪訝そうな様子が見られたが、Cさんは子育て家庭に訪問して子育て支援センターの活動を広報していると伝えた上で、Dさんに「誰でも子育てはなかなか大変だと思います。子どもさんと遊びに来るという感覚で一度センターに起こしになってみてください。他の子どもたちや親御さんもおられるため気分転換できるかもしれないですよ」と伝え、子育てに関する地域情報誌とともにセンター利用のリーフレットを手渡すことができた。

　翌週、Dさんは子どもと2人で子育て支援センターに訪れた。スタッフのCさんは「Dさん、この前は突然おじゃましました。センターに来てくださったのですね。ゆっくりなさってください」と伝えた。その後、Dさんの子どもをスタッフが一緒に遊んでいるときに、CさんはDさんと話しをすることができた。Dさんは「2カ月前に息子（1歳10カ月）と2人でこの市に引っ越しをしてきました。最近、夫と協議離婚して息子と新しい生活を始めたいと思い引っ越したのですが、親戚も少なく知り合いや友人も元々つくるのがうまくなくて。不安のまま過ごしていました。センターの方が家に訪問されて最初は驚きましたが、スタッフの方が気分転換できるかもと言われていたので勇気を出して一度センターに行こうと思ってきました」と伝えてきた。スタッフのCさんは「そうなのですね。勇気を出して来ていただきよかったです。お話も聞かせていただきありがとうございます。地域には私たちのセンターの他にもいくつも子育て中の家庭をサポートする組織や仲間もありますので、いろいろと情報をお伝えしていきますね」とDさんに伝えると、Dさんに少し笑顔が見られた。Dさん親子はこの後も継続的に子育て支援センターを利用することとなり、スタッフやBさんなど他の子育て家庭との関係性も作られていった。

（2）事例分析による検討

　本事例では、子育て支援センターの支援機能が複数存在する内容である。ここでは事例に登場した支援機能について、コミュニティワークとコミュニティソーシャルワークに分類して支援の役割や支援内容として評価できることについて整理を行っていく。

　コミュニティワークの機能として、行政である市から委託されて地域子育て支援事業を担っている子育て支援センターが、地域の子育て家庭の社会資源として有効に機能していた基盤があったことが評価される。事例中のBさん家庭をはじめ、日頃から多くの子育て家庭が子育て支援センターを利用していることからも、子育て家庭のニーズとセンターの支援内容が合致していると思われる。またこの子育て支援センターの取り組みの補足説明として、定期的に利用者からアンケート調査を行う等、利用者の希望を可能な限り収集して運営されており、利用者主体をめざした支援活動を展開している。そして子育て支援センターは行政機関（市の保育課）や市内の保育所等の保育施設、主任児童委員、民間の子育てサークル等と定期的に情報交換を行いながら、地域の子育て情報をセンターのホームページと地域情報誌の作成により子育て支援センターの利用者をはじめとした市内の子育て家庭に配布していることから、地域の社会資源とのネットワークの構築と情報発信の機能を有している。また地域住民が活動に参加できるように、ボランティアも積極的に受け入れていることから、子育て家庭と地域をつなぐ役割を持っている。

　コミュニティソーシャルワークの機能としては、今回の事例のDさんへの支援では、利用者のBさんからの情報をもとにDさんへの支援についてセンターの運営会議で協議し、市の保育課や主任児童委員と積極的に連携を図りながら対応を進めたこと、センターが組織としてDさん宅にアウトリーチの方法を用いて家庭訪問したことが評価できるポイントである。またスタッフのCさんが今回の支援の対象であるDさんと情報提供したBさんに対して受容や傾聴の姿勢をもとに対応を進めたことも、BさんやDさんが安心してCさんに話をすることができる基盤につながったことも推察される。特に本件についてBさんからの話題提供がなければDさんに対応することができておらず、日頃からの子育て支援センターによるBさん親子に対する丁寧な保育に関する支援の成果があったからこそ、地域で孤立傾向であったDさん家庭の親子に支援を進めることができたといえる。

3 | 今後コミュニティで期待される保育ソーシャルワーク

　本章では地域の子育て家庭への支援を題材とした、コミュニティワークとコミュニティソーシャルワークの展開についての考察を進めてきた。わが国での地域基盤の変化や地域での人間関係を含めた住民同士の関係性は変化し続けている。このこともからも、今後も子育て家庭を取り巻く地域の社会環境への多様な影響が起こり得ることが考えられる。その懸念からも、地域における子育て支援の役割に対する期待がさらに高まることも予測される。本章において子育て家庭への支援を考える際に、地域への働きかけを進めてコミュニティとしての機能を高めるコミュニティワークと、地域で生活する個人の生活課題等の解決を図るためのコミュニティソーシャルワークの両方が必要であるとともに、このコミュニティワークとコミュニティソーシャルワークの一体的に援助に盛り込んだ展開が重要であると示した。このことから保育ソーシャルワークの展開においても、個別のケースワークの技術を踏まえた支援とともに、子育て家庭で子どもと保護者１人１人の地域での生活を捉えつつ、コミュニティワークの援助機能である生活基盤の整備や支援の一助を担うネットワークの形成に向けた視点と、子どもと保護者の地域での生活課題の解決に向けた個別支援を進めていくという視点の両者が必要であることを指摘したい。

　また別の視点から、地域における保育ソーシャルワークでのコミュニティワークとコミュニティソーシャルワークを誰が担うべきであるかについて検討したい。本章で取り上げた地域子育て支援拠点事業や利用者支援事業では、コミュニティワークとコミュニティソーシャルワークの双方を支援機能として明確に位置付けていることを説明した。しかしながらこれらの事業だけが地域での支援を担うだけでは不十分である。それは先述した通り地域における個別支援と地域支援は両輪で進められることが必要であり、日頃から保育ソーシャルワークとして個別支援に取り組む保育ソーシャルワーカーを中心とした専門職が、１人１人の子どもと保護者への支援の際に、課題解決や地域生活の基盤をつくり上げるために、コミュニティをどのように巻き込むことができるかという視点を持ちながら、個別的な支援やかかわりを進めることが重要ではないだろうか。

おわりに

　保育ソーシャルワーカーをはじめとした専門職は、子ども・保護者への個別支援とあわせ、子育て家庭を支える地域との社会資源との接点をいかに構築していくことができるのかという視点により支援展開を進めることが必要である。保育ソーシャルワークの展開として、コミュニティにおける社会資源との連携や活用を具現化させる機能が今後求められており、コミュティワーク・コミュニティソーシャルワークの視点が求められる。

引用・参考文献
稲葉一洋（2016）『新地域福祉の発展と構造』学文社。
井村圭壯・谷川和昭編（2011）『地域福祉分析論（福祉分析シリーズ4）』学文社。
柏女霊峰監修著・橋本真紀編著（2015）『子ども・子育て支援新制度利用者支援事業の手引き』第一法規。
倉田和四生（1999）『防災福祉コミュニティ――地域福祉と自治防災の統合――』ミネルヴァ書房。
厚生労働省（2017a）「平成28年度児童相談所での児童虐待相談対応件数（速報値）」2017年8月17日公表。
厚生労働省（2017b）「平成28年度　地域子育て支援拠点事業実施状況」。
厚生労働省（2017c）「地域子育て支援拠点事業実施要綱（2次改正）」。
厚生労働省（2017d）「利用者支援事業　平成28年度実施状況」。
中谷奈津子編（2013）『住民主体の地域子育て支援――全国調査にみる「子育てネットワーク――』明石書店。
日本保育ソーシャルワーク学会編（2014）『保育ソーシャルワークの世界――理論と実践――』晃洋書房。
福祉士養成講座編集委員会編（2007）『新版・社会福祉士養成講座9　社会福祉援助技術論Ⅱ』中央法規出版。
峯本佳世子（2004）「地域福祉とコミュニティワーク」、斉藤千鶴・杉本敏夫編『シリーズ・はじめて学ぶ社会福祉7　地域福祉論』ミネルヴァ書房。
渡辺顕一郎・橋本真紀編著（2015）『詳解　地域子育て支援拠点ガイドラインの手引き（第2版）』中央法規出版。
MacIver, R. M.（2009）『コミュニティ――社会学的研究：社会生活の性質と基本法則に関する一試論――』中久郎・松本通晴訳、ミネルヴァ書房。

第12章
エコシステム構想による保育ソーシャルワーク実践

はじめに

　従来、保育士はもっぱら乳幼児の保育を司ることを主たる職務とするものとされてきた。しかし、社会の変化とそれに伴う家庭での子育ての困難化を背景に、乳幼児の保育に加えてその保護者の子育てを支援することも、保育士が担うべき職務の一環として重視すべきことと認識されるようになった。2001（平成13）年の児童福祉法改正で、保育士とは「専門的知識及び技術をもつて、児童の保育及び保護者に対する保育に関する指導を行うことを業とする者をいう」（第18条の4）と改められたのはその現れでもある。さらに、同年の法改正では、保育所の付加的機能として「保育所に勤務する保育士は、乳児、幼児等の保育に関する相談に応じ、及び助言を行うために必要な知識及び技能の修得、維持及び向上に努めなければならない」（第48条の2第2項）という条文が新たに追加された。

　以上のような経緯を経て、今日では、保育士はたんに、保育が必要な児童に対して、親や家族が行うべき保育を代替・補完する役割を担うだけでなく、保護者に対する保育指導を行うなど、家庭全体を視野に入れて支援する役割をも担うことが求められている。そうした新たな役割として、期待されている機能が保育現場におけるソーシャルワーク（以下、保育ソーシャルワークという）である。

　本章では、保育所や保育士が保育ソーシャルワークを実践していくにあたり、どのような視点や枠組みにおいて実践すべきかについて述べていく。

1 ｜ 保育ソーシャルワークの機能とエコシステム

（1）保育ソーシャルワーク実践における包括的・統合的理解

　2008年発表の保育所保育指針解説書において、ソーシャルワークとは「生活課題を抱える対象者と、対象者が必要とする社会資源との関係を調整しながら、対象者の課題解決や自立的な生活、自己実現、よりよく生きることの達成を支える一連の活動をいいます。対象者が必要とする社会資源がない場合は、必要な資源の開発や対象者のニーズを行う行政や他の専門機関に伝えるなどの活動も行います。さらに、同じような問題が起きないように、対象者が他の人々と共に主体的に活動することを側面的に支援することもあります」と説明している。このことは、保護者やその家庭が抱えている生活課題に対して、関係機関との連携・協力を図りながら、かつ、その対象者の主体性（能動性）や成長していく過程を主眼とした機能を有し必要な支援を展開していくことにある。

　こうした、保育におけるソーシャルワーク機能について、伊藤利恵らは、①保護者の状況を理解し、主体性を尊重する「権利擁護機能」、②自己実現を目指した課題達成が可能となるよう支援する「側面的支援機能」、③社会福祉サービスの提供と関係機関と連携していく「調整機能」、④保護者と共同で問題解決に取り組んでいく「パートナーシップ機能」の４つを主要なもの（伊藤、他、2008、1-26）としてあげている。また、鶴宏史らは、保育ソーシャルワークに関する文献レビューに基づき、その主な機能について、①保護者と保育者の日々の関わりの中で行われている子育て相談などに関する「相談援助機能」、②保育所と各種社会資源による連携やネットワーク形成に関する「連携機能」が多く取り上げられていたことを（鶴、他、2016、1-8）報告している。つまり、保育ソーシャルワークは、保護者との信頼関係を基軸とした相談支援やその家庭全体を支援していくために必要な関係機関との連携・協力について重要視していることがわかる。しかし一方で、こうした保育ソーシャルワークを適切に機能させていくためには、アセスメントに基づいた支援計画を立案することや職員同士の共通理解や組織的な対応など、運営・管理面に克服すべき課題があることについても（伊藤、他、2008、1-26、鶴、他、2016、1-8）指摘している。これら課題については、保育ソーシャルワークの実践例としてすでにいくつかの報告により明らかになっている。石川洋子らは、保育者を対象とした調査にお

いて、保護者への問題意識があるほど職員間での連携や協力が難しいと感じている者が多かったことを（石川、他、2009、25-30）報告している。さらに、北濱雅子らは、保育所保育者を対象に、子育て支援に関する意識や悩みについての調査を実施し、職員の経験年数に関係なく、何をどのように進めていけばいいのかという疑問や葛藤を抱えていることを（北濱、他、2011、9-17）明らかにしている。

　以上のことから、保育ソーシャルワーク実践において大切なことは、保育所および保育者が子どもや保護者あるいは家庭全体を視野に入れてアセスメントし、そこからニーズを読み取り適切な支援へとつなげ展開していく、ソーシャルワークに関する基本的理解にほかならない。そのためには、保育者自身がソーシャルワークのスキルを身に付けていくことが必要であると同時に、保育所や保育者が抱えている課題（職員同士の連携や組織的な管理・運営など）にも着目するなど、支援の対象だけでなく実践する側の環境についても視野を広げ、包括的・統合的に理解していく視点が求められることになる。

（2）保育ソーシャルワーク実践の体系化・構造化への手がかり

　保育ソーシャルワークを展開していくうえでの視点について、今堀美樹は、子ども自身や親との関係性のみに着目するのではなく地域社会とのつながりやこれまでのかかわりなど、その生活を全体性において理解することが必要である（今堀、2002、183-191）としている。また、土田美世子は、子どもの生活環境としての保護者や地域社会等と関連させながら、目の前の子どもの反応を理解していく必要があるとして、エコロジカル・パースペクティブの有効性を（土田、2012、108-112）述べている。これら共通の視点として大切なことは、まず、子どもや保護者あるいはその家庭を取り巻く環境に視野を広げ、家庭と環境がどのような関係でどのように影響し合っているのかという相互作用を理解していくこと。そして、それら相互作用による影響が、現在の生活課題としてどのように形成してきたのかを時間的・歴史的な流れの中で理解していくということである。つまり、現代のような複雑・多様化した環境下にある子どもやその家庭生活全体を理解していくためには、家庭の内外で引き起こる相互作用の①システム的な関係と、連続した時間の流れや環境との均衡関係などを観察するといった②生態学的な視点が重要であることを示唆している。

　こうしたシステム的かつ生態学的な視点によって、人間の生活全体を包括

表12-1　ジェネラル・ソーシャルワークの特性

① 人間の生活へのトータルな視野［生活・統合的全体性］
② 利用者主体の行動概念の展開［利用者本位・社会的自律性］
③ 人と環境への生態学的視点［システム・生態学］
④ 価値・知識・方策・方法の実践システムとしての構造化［構成要素・実践特性］
⑤ 科学的・専門的知見の摂取と共同の姿勢［専門性・多面性］
⑥ 問題認識と解決過程の展開方法［問題認識・解決過程］
⑦ 方法レパートリーの統合的推進［方法・統合化］
⑧ ミクロ・マクロのフィードバック実践［方法論・専門職業］

出所：太田義弘・秋山薊二編『ジェネラル・ソーシャルワーク——社会福祉援助技術——』光生館、1999年、p.21をもとに作成。

的・統合的に理解しようとする試みとして、近年、「ジェネラル・ソーシャルワーク（General Social Work）」（太田、他、1999、17-19）という表現が用いられている。その視点としての主な特性については、① 人間生活へのトータルな視野［生活・統合的全体性］と③ 人と環境への生態学的視点［システム・生態学］である（表12-1を参照）。

これらの特性は、人と環境の相互作用としてのシステム思考と時系列による変容過程としての生態学的な視点を包括・統合的に捉える視座を意味している。つまり、人間生活の広がりをあらゆる構成要素からなる1つのシステムとして捉えながら、人間と環境とが関わり合う流れを生態学的に捉える「エコシステム」という発想や概念、そして、その視座が必要になるということである。こうした、視座という用語の説明について、米本秀仁は「視座とは、視野に入ってきたさまざまな事象をどういうレンズで見るかということ……その視野に入ってくる現象が取捨選択されたり、あるいはどこかが肥大化されたり、消えていったり、そういう形で浮き彫りにされていく。これらがまさに、フレームワークとして、独特のものとしての特殊目的的な実践を成立させている」と述べている（米本、2005、91-103）。

保育ソーシャルワーク実践における体系化・構造化への手がかりとしては、子どもとその家庭生活全体をエコシステムという概念や枠組みで捉えていくことにほかならない。そのうえで、ジェネラル・ソーシャルワークの特性である④ 価値・知識・方策・方法の実践システムとしての構造化［構成要素・実践特性］を、保育ソーシャルワークにどのように応用するのかについて、次節で述べることとする。

2 保育ソーシャルワーク実践のシステム的構造化

（1）システム思考

　先述したように、保育ソーシャルワーク実践における視座として、子どもとその家庭生活全体を人と環境の相互作用を理解するシステム思考と、それらを時系列による変容過程を生態学的に包括・統合的に捉えていくことの重要性を強調してきた。そのためには、まず、システム思考としての子どもや保護者を含む複雑な家庭生活全体を、人と環境の織りなす相互関係、すなわち、システム関係を保育ソーシャルワークとしてどのように構造化するのかが課題となる。

　そもそもシステムとは、広辞苑第六版（2008年）では「複数の要素が有機的に関係しあい、全体としてまとまった機能を発揮している要素の集合体。組織。系統。仕組み」としている。このことは、ある目的を達成するために複数の要素が相互に関連して動く仕組みのことを意味しているが、それはコンピュータや機械だけでなく、様々な事柄についてもあてはめることができる。例えば、サッカーでは人員の配置のことをシステムと呼び、監督が指示したシステム（仕組み）の通りに、ボールの動きや人の動きに合わせて全員が連動しバランスをとることによって、個人の能力への依存の軽減、効率化や安定化を図っている。その他にも、徳川幕府が15代にわたって政権を維持できた理由に「武家諸法度」という大名を従わせるためのシステムを（NC network「徳川15代、260年の安定政権維持システム」）確立していたことがあげられる。この制度は、築城や婚姻の制限、参勤交代を義務付けることで、対抗勢力の繁栄を抑え込むという機能が働き、将軍の能力に依存せずに大名を管理できるシステムとなっていた。また、大名の財政圧迫や時代の変化にそぐわなくなってきた内容は、代替わりのたびに何度か改変され、政権を維持するシステムとして長く運用されてきたのである。

　このように、様々なものごとをシステムとして把握することのメリットは、対象となるものを要素や構造、関係といった全体の状況を論理的に理解できることにある。つまり、仮にあるものごとの機能が発揮されていない場合、その対象となるものごとの要素や構造、それら関係について理解していれば、問題としている原因（要素や構造）に対して何らかの対処・対応が可能となる。

(2) ソーシャルワーク実践におけるシステム構造

太田義弘は、このようなシステム的な思考を、利用者の生活状況を1つのシステムとして捉えながら、ソーシャルワーク実践の構成要素を①価値 ②知識 ③方策 ④方法の4つに分類し、実践概念の構成要素と枠組みを図12-1のように組み合わせている。

ここでいう、①価値とは、個人、集団、社会などによって保有される原理や主義といった信条を意味し、その内容は人間に最も有益で、理想とされる状態を実現しようとする思想である（太田、他、1999、62）。その他にも、道徳や倫理などの個人的あるいは社会的に好ましいとする一定の信念としても表現される。こうした、価値という考えの根本となる思想は、1人1人の人間の行動に大きな影響を与えることになる。

②知識とは、ソーシャルワークの援助目標を遂行するために必要な専門知識で、特に人と環境を理解する行動科学的知識を応用し、施策を駆使する科学的見識である（太田、1992、120）。つまり、福祉の支援対象である障害や虐待、経済的問題などの生活課題や行動特性などを、社会福祉に限らず、生物科学や行動科学などの関連する分野を総合的に取り入れながら、その現象や事象を理解していくことができる知識のことを指す。

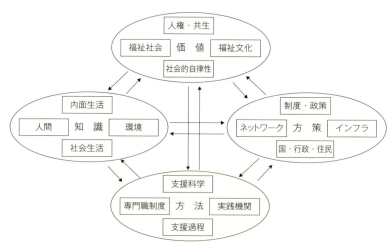

図12-1　ソーシャルワークの構成要素

出所：太田義弘・中村佐織・他編『ソーシャルワークと生活支援方法のトレーニング——利用者参加へのコンピュータ支援——』中央法規、2005年、p.9をもとに作成。

表12-2　生活援助システムの構造と階層関係

128因子構造	32指標構造	8援助構造	4要素構造	2基本構造	システム構造
各4因子←	躾・信条 習慣・文化 自己意識 社会意識	目　標 (生活態度)	価　値	基礎構造	統合的全体性
各4因子←	クライエントの変容 家族の変容 援助機能 社会資源ネットワーク	変　容 (生活領域)			
各4因子←	個別的特性 パーソナリティ 心身の健康 問題の概要	属　性 (基礎特性)	知　識		
各4因子←	家族関係 交友関係 ソーシャル・ワーカーへの接近 援助機関の組織的環境	組　織 (社会関係)			
各4因子←	収支状況 経済感覚と貯蓄 職業・家庭内での地位 生活状況	財　政 (生計状況)	方　策	実践構造	
各4因子←	社会福祉制度の活用 自己資源の状況 援助機関の状況 行政施策	制　度 (資源状況)			
各4因子←	クライエントの自助方策 家族の問題解決方策 ソーシャル・ワーカーの方策 援助施策	方　法 (解決方策)	方　法		
各4因子←	課題解決活動の状況 家族の協力状況 ソーシャル・ワーカーの活動状況 援助施策の展開	援　助 (方法展開)			

出所：太田義弘『ソーシャル・ワーク実践とエコシステム』誠信書房、1992年、p.117。

③ 方策とは、多様化した時代のニーズを反映した社会福祉諸制度そのものと、課題解決に活用できる社会資源ネットワークことである。また、この方策は、すでに与えられている資源の活用だけでなく、人々のより良い社会生活や自己実現のための実践活動から得られる課題をフィードバックしていくことによって、社会的施策が整備・改善していくシステムもその要素として含まれている（太田、1992、120）。

④ 方法とは、実践活動として支援を展開する過程とその技法であり、価値・知識・方策が前提にあって、実践方法が科学性と専門性に支えられたスキルとして機能することになる。ここでいうスキルとは、利用者の生活環境やその状況を把握し、本人の積極的な参加によって今ある生活課題への適応能力を取得・強化できるよう、最適な支援を提供することである（太田、1992、120-121）。

以上のように、ソーシャルワーク実践を4つの要素から構成することで、利用者中心の視点を基点としながら、その自己実現を目指し具体的な施策などの社会資源ネットワークを活用することによって、生活課題の改善や解決に向けた実践活動が可能になる。また、**表12-2**では、利用者の広範な生活環境を1つのシステムとして捉えながら、支援環境である施策や実践活動を視野に入れることで、利用者の生活全体とソーシャルワーク実践の関係についても明確にしている。さらに、それらを構成している① 領域（基本構造）、② 分野（要素構造）、③ 内容（援助構造や指標構造）の3つに分解することによって、システム化した方法概念としての構造化までも可能としている。

（3）保育ソーシャルワーク実践における構成要素とシステム構造

先ほどの**表12-1**で示したジェネラル・ソーシャルワークの特性と**図12-1**にあるような基本的なソーシャルワーク実践の構成要素を参考に、保育ソーシャルワーク実践の構成要素を**図12-2**のように4つに分類した。それぞれの要素の意味については次のとおりである。

① 価値とは、子どもの最善の利益を大前提として、保護者の主体性の尊重やエンパワメントなどの保護者自身が生活課題の解決に対して取り組んでいくこと、そして、それを側面的に支援していく保育者の倫理綱領や価値観などを意味する。

② 知識には、支援の対象である子どもとその家庭生活全体を理解するための人間行動や社会機能に関する知識だけでなく、それらを支援していく地域環

第12章　エコシステム構想による保育ソーシャルワーク実践　　189

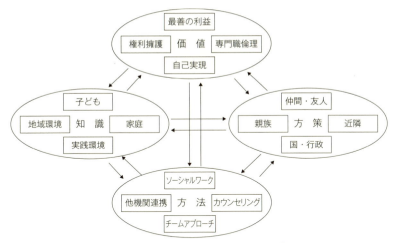

図12-2　保育ソーシャルワークの構成要素
出所：太田義弘・中村佐織・他編『ソーシャルワークと生活支援方法のトレーニング──利用者参加へのコンピュータ支援──』中央法規、2005年、p.9をもとに作成。

境や実践環境としてのソーシャルワークに関する現状理解などを意味する。

③ 方策は、子どもやその家庭が住んでいる地域の子育てや保育ニーズに対し、フォーマル・インフォーマルを含めたサービスとしての子育て支援策が、どの程度整備されているのか、また、その活用に関する理解などを意味する。

④ 方法は、保育者と保護者との信頼関係・援助関係の構築を基軸として、受容や共感的態度、自己決定などのソーシャルワークやカウンセリングの技法、児童相談所や保健所、福祉事務所などの関係機関との連携、そして、保育所内での情報共有や職員間の連携によるチームアプローチなどの具体的な支援の実施方法を意味する。

これら4つの構成要素は、1つ1つが個々に存在しているのではなく、それぞれが相互に関係しながら一体となってシステム的に機能することになる。例えば、子どもの貧困問題を考えた場合、貧困という経済的問題が原因で、その子どもの発達の諸段階において様々な機会が奪われることが容易に想像することができる。そして、その結果として子どもの人生全体に多くの不利を負わせることにつながってしまう。これが、先述した知識の要素に該当するわけだが、ソーシャルワーク実践においては決してそれだけで留まることはない。こうした状況下における実際の支援を考えた場合、まずは、子どもの最善の利益や権

利擁護などの①価値を根底に、その家庭の生活全体を理解するための②知識（貧困に陥った背景をアセスメントしていくこと）が必要となる。そのうえで、問題解決のための具体的かつ有効な③方策（生活保護制度やインフォーマル・サポートの活用など）を検討し、そして、実際に支援していくための④方法（専門機関や支援団体との連携など）へと展開していくことになるであろう。

繰り返しになるが、このように保育ソーシャルワーク実践における4つの構成要素が相互に関連することによって、1つのシステムとしての支援方法が成立し、保育ソーシャルワークとしてはじめて機能していくことになる。

3 | 保育ソーシャルワークの実践概念化

（1）理論から実践への懸け橋としてのエコシステム構想

前節では、ジェネラル・ソーシャルワークを基礎理論とした保育ソーシャルワーク実践の構成要素についてみてきたが、それはシステム思考としての子どもやその家庭の現時点での生活全体を説明しているだけに過ぎない。先述したように、子どもやその家庭の生活全体をシステムという思考方法を用いながら、一方で、生活全体が時系列による変容過程としての生態学的な思考方法も取り入れたエコシステムの考え方が必要になってくる。

そもそも生態学とは、生物と環境との適合性に焦点をあてながら、生物と環境とのダイナミックな調和と均衡関係を維持・促進できるかを研究する学問である（太田、1992、73）。つまり、人と環境の相互がどのように織り合いをつけながら、調和とバランスを維持していくことができるのかを探求していく学問と捉えることができる。そうした意味において、人の生活は社会（環境）との関係を切り離して考えることはできないため、いかに、社会（環境）と良好な関係を維持しながら生活できるかが重要となる。しかし、実際の社会生活においては、誰もがその置かれた環境に対し最初からうまく適応することが難しく、その多くは時間をかけたり色々と工夫や対処をしたりしながら順応をしていくものである。

太田は、エコシステム理論の意義について、これまでのソーシャルワーク実践の歴史の中でシステムという思考方法が、利用者の生活実体を解明するのに精細で新鮮な視野と発想を与えてきたことを評価しつつも、実践に役立つ理論になっていないことを（太田、1992、73）指摘し、そこに生態学的視点を加えた

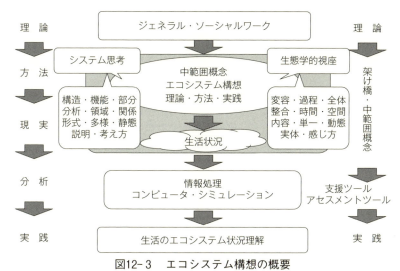

図12-3　エコシステム構想の概要

出所：太田義弘「ソーシャルワークの臨床的展開とエコシステム構想」『社会学部紀要』第22巻、2002年、p.5をもとに作成。

「エコシステム構想」が１つの対応策として期待ができるとしている（図12-3参照）。

　このエコシステム構想は、具体的なソーシャルワーク実践（方法論）への情報提供を目的に、理論と実践の架け橋である中範囲概念によって、いわば、利用者の生活全体をエコシステムの理論に基づき、コンピュータを用いることで具体的に解明しようとする方法である（太田、他、1999、40-41）。そして、分析部分（支援ツール・アセスメントツール）にあたる情報処理として、まずは、利用者の生活全体をできるだけ細かな構成因子に分解し整理されることになる（図12-4参照）。さらに、これら構成因子それぞれにアセスメントした情報を「全くない」から「とてもある」までの９件法によって入力していくことで（図12-5参照）、利用者の生活全体という見えづらい事象を棒グラフやレーダーチャートなどで可視化することが可能となる。そうすることで、利用者生活としてのエコシステム状況の強い部分や弱い部分などの特徴を理解していくことができるのである（図12-6参照）。

　このようにエコシステム構想は、エコシステムの理論とコンピュータ・シミュレーションに基づいて、人の生活全体をシステムとして把握された状況が、

192　第Ⅱ部　保育ソーシャルワークの方法と実践

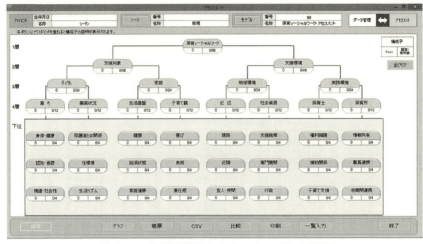

図12-4　生活理解のためのアセスメント画面
出所：エコシステム研究会「エコスキャナー2015(Ver1.0.0)」を使用し作成。

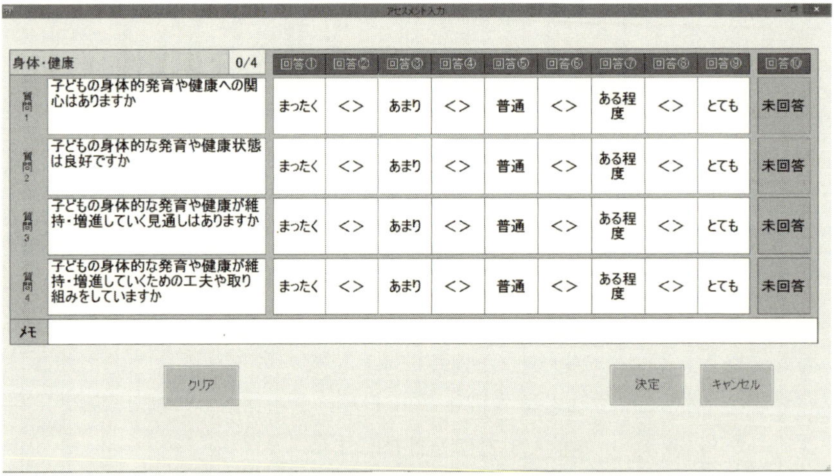

図12-5　構成因子の情報内容を入力するための画面
出所：エコシステム研究会「エコスキャナー2015(Ver1.0.0)」を使用し作成。

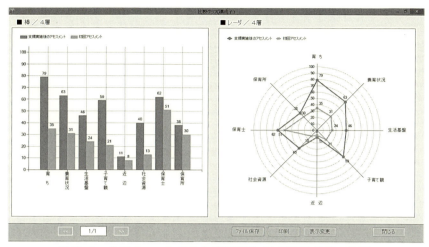

図12-6　生活のエコシステム状況理解（支援実施前後の比較）
出所：エコシステム研究会「エコスキャナー2015(Ver1.0.0)」を使用し作成。

どのように生活全体のバランスをとりながら変化していくのかを理解していくことを可能にしている。また、その変容過程においては、変容を促進してきた要因について考察することで、支援方法の検討やソーシャルワークの実践活動そのものに対する効果や評価が可能になるなど、具体的な実践に役立つツールとしても期待されている。

（2）生活システムとエコシステム情報

図12-6のように、人の生活をエコシステム構想によって、とりわけ生態学的に人の生活全体を理解していくためには、その時々の生活状況を情報として記録する必要がある。なぜならば、そうした生活状況（情報）の記録の蓄積があって、その変容過程の前後を比較や検討することが可能になるからである。こうした人の生活全体を理解していくうえで重要なことは、人の生活状況を具体的にどのような内容や情報によって把握すべきなのかということであるが、これを、保育ソーシャルワークにおける実践として捉えた場合、表12-3のようになる。

表12-3は、「保育ソーシャルワーク」全体を包括的・統合的に理解していくためのもので、まず、その領域を「支援対象」と「支援環境」の2つに分割したうえで、さらに「子ども」、「家庭」、「地域環境」、「実践環境」の4つの分野

表12-3　エコシステム情報としての保育ソーシャルワークの構成要素

生活システム領域カテゴリー				実践要素の構成内容情報	1　価値　態度　姿勢　志向　機運　関心　自覚	2　知識　現状　事実　実状　内容　関係　理解	3　方策　制度　政策　計画　施策　見通　私案	4　方法　取組　対応　参加　活用　協力　努力
全体	領域	分野	構成	要素	価値意識	状況認識	資源施策	対処方法
保育ソーシャルワーク	Ⅰ 支援対象	A 子ども	a 育ち	1 身体・健康	身体・健康への関心	身体・健康の現状	身体・健康向上の計画	身体・健康向上の取組
				2 認知・言語	認知・言語への関心	認知・言語の現状	認知・言語向上の計画	認知・言語向上の取組
				3 情緒・社会性	情緒・社会への関心	情緒・社会の現状	情緒・社会安定の計画	情緒・社会安定の取組
			b 養育	4 保護者	保護者との関係の関心	保護者との関係	関係向上への計画	関係向上への取組
				5 住環境	住環境への関心	住環境の実状	住環境向上への計画	住環境向上への取組
				6 生活リズム	生活リズムへの関心	生活リズムの状況	生活リズムの改善策	生活リズム改善の取組
		B 家庭	c 基盤	7 健康	健康への関心	健康の現状	健康維持の計画	健康維持の努力
				8 経済状態	生計への関心	生計の現状	生計維持の計画	生計維持の努力
				9 家庭連帯	家庭連帯意識	連帯の現状	連帯の改善策	連帯復元努力
			d 子育て	10 喜び	喜びの態度	喜びの現状	喜びの向上計画	喜びの向上努力
				11 負担	負担の態度	負担の現状	負担軽減の計画	負担軽減の努力
				12 責任感	親としての自覚	親としての現状	親としての改善計画	親としての改善努力
	Ⅱ 支援環境	C 地域環境	e 近辺	13 親族	親族の姿勢	親族との関係	親族の支援見通	親族の支援協力
				14 近隣	近隣への関心	近隣の協力理解	近隣の支援見通	近隣の支援協力
				15 友人・仲間	友人への関心	友人の協力理解	友人の支援見通	友人の支援協力
			f 資源	16 支援施策	支援施策の関心	支援施策の理解	施策の活用計画	施策の活用展開
				17 専門機関	専門機関の関心	専門機関の理解	機関の活用計画	機関の活用展開
				18 行政	行政の関心	行政の理解	行政の活用計画	行政の活用展開
		D 実践環境	g 保育士	19 権利擁護	権利擁護の志向	権利擁護の現状	権利擁護の計画	権利擁護の取組
				20 援助関係	援助関係の志向	援助関係の現状	関係構築の計画	関係構築の取組
				21 子育て支援	保育士の姿勢	保育士の活動状況	保育士の活動計画	保育士の取組
			h 保育所	22 情報共有	情報共有の関心	情報共有の現状	情報共有の計画	情報共有の取組
				23 職員連携	職員連携の関心	職員連携の現状	職員連携の計画	職員連携の取組
				24 他機関連携	他機関連携の関心	他機関連携の現状	連携構築の計画	連携構築の取組

出典：太田義弘「ソーシャルワークの臨床的展開とエコシステム構想」『社会学部紀要』第22巻、2002年、p.7をもとに作成。

第12章 エコシステム構想による保育ソーシャルワーク実践　195

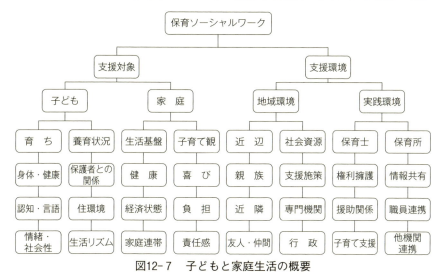

図12-7　子どもと家庭生活の概要
出所：太田義弘・中村佐織・安井理夫編『高度専門職業としてのソーシャルワーク――理論・構想・方法・実践の科学的統合化――』光生館、2017年、p.161、資料3　子ども家庭支援ツールをもとに作成。

と、それに対する8つの内容から構成（子どもの① 育ち、と② 養育状況、家庭の③ 生活基盤、と④ 子育て観、地域環境としての⑤ インフォーマルな近辺、と⑥ フォーマルな社会資源、実践環境としての⑦ 直接的に支援する保育士、と⑧ 間接的に支援する保育所）される（図12-7参照）。そして、8つに構成された内容は、さらに、それぞれ3つの要素から構成され、それら24の要素を保育ソーシャルワーク実践の構成要素である「価値」、「知識」、「方策」、「方法」と関連（連結）させていくことで、支援対象である子どもとその家庭のみでなく、家庭生活全体を取り巻く支援・実践環境についても理解していくことができる。つまり、これら子どもの「育ち」や「養育状況」などからなる24の要素と、保育ソーシャルワーク実践の4つの構成要素をかけ合わせた96項目の生活情報を記録し蓄積していくことによって、生活全体の変容過程やその変容に影響を与えた要因について分析や考察することが可能になるのである。それは、いわば、エコシステムの理論やその構想によって、子どもと家庭の生活状況全体を理解していくと同時に、保育ソーシャルワーク実践の枠組みを提供することを意味している。

おわりに

　医者は患者に対し問診や触診によりある病気を想像することはあっても、その場で病気を特定・診断することはほとんどない。問診や触診によって想定される病気を特定・診断するためには、その病気に対する様々な検査を実施することになるだろう。そして、様々な検査の結果からはじめて病気を特定・診断したうえで、治療方針や治療方法を決定していくことになる。このように、医療の現場を考えた場合、通常のプロセスとしては、患者に対し診察（検査の実施）⇒診断（病気の特定）⇒治療計画（内服か手術か生活習慣の改善か）⇒治療開始⇒経過観察または治癒といった具合で、大きく①診断的機能と②治療的機能によって患者に対しシステム的に医療が展開されることとなる。つまり、医療の領域においては、こうした高度な専門職としての臨床的な専門性が確立されているのである。

　保育ソーシャルワークにおいても、エコシステムの理論や構想に依拠しながら、エンゲージメント（問題の理解と共感、達成目標の設定）⇒アセスメント（生活や支援状況に関する情報収集）⇒プランニング（達成目標に向けた計画策定）⇒インターベンション（人および環境に対する介入）⇒評価・終結（モニタリング機能やフィードバック機能も含まれる）といった過程で支援を展開していく必要がある。つまり、①アセスメント機能と②支援機能の2つの柱をしっかりと確立していくことが求められるであろう。

　そうした意味において、本章では、とりわけアセスメント機能（生活状況や支援環境に関する理解）を中心に、保育ソーシャルワーク実践のための構成要素や生活情報といった枠組みを提供してきたつもりである。しかし、複雑・多様な子どもとその家庭生活全体を実体として捉えるのは容易なことではない。そのため、今後は、保育ソーシャルワーク実践における子どもとその家庭の生活情報や実践環境に関する内容について、さらなる検討を重ねながら精緻化していくことが課題となる。

注
1）ソーシャルワーク実践という抽象的な概念を具体的な実践への行動概念として、利用者のより良い社会生活や自己実現を支援するために役立てようとする考え方である。

2)「視点」というのは、いわば見る位置、ポジションの問題であり、「視野」というのは広がり、つまりパースペクティブの問題として、「視座」との違いについて説明している。

引用・参考文献
石川洋子・井上清子「保育者におけるカウンセリング学習ニーズ——埼玉県内の保育所・幼稚園の保育者調査から——」『文教大学教育学部紀要』第43集、2009年、pp.25-30。
伊藤利恵・渡辺俊之「保育所におけるソーシャルワーク機能についての研究——テキストマイニングによる家族支援についての分析——」『高崎健康福祉大学総合福祉研究所紀要』第5巻第2号、2008年、pp.1-26。
今堀美樹「保育ソーシャルワーク研究——保育士の専門性をめぐる保育内容と援助技術の問題から——」『神学と人文：大阪基督教学院・大阪基督教短期大学研究論集』第42号、2002年、pp.183-191。
太田義弘（1992）『ソーシャル・ワーク実践とエコシステム』誠信書房。
太田義弘（2002）「ソーシャルワークの臨床的展開とエコシステム構想」『社会学部紀要』第22巻、pp.1-17。
太田義弘・秋山薊二編（1999）『ジェネラル・ソーシャルワーク——社会福祉援助技術——』光生館。
太田義弘・中村佐織・石倉宏和（2005）『ソーシャルワークと生活支援方法のトレーニング——利用者参加へのコンピュータ支援——』中央法規出版。
太田義弘・中村佐織・安井理夫（2017）『高度専門職業としてのソーシャルワーク——理論・構想・方法・実践の科学的統合化——』光生館。
北濱雅子・清水年志子・廣瀬三枝子「保育所における子育て支援の実践（1）N園保育士への調査から」『香川短期大学紀要』第39巻、2011年、pp.9-17。
厚生労働省（2008）『保育所保育指針解説書』フレーベル館。
土田美世子（2012）『保育ソーシャルワーク支援論』明石書店。
鶴宏史・中谷奈津子・関川芳孝「保育所における生活課題を抱える保護者への支援の課題——保育ソーシャルワーク研究の文献レビューを通して——」『教育学研究論集』第11号、2016年、pp.1-8。
米本秀仁（2005）「ソーシャルワーク実践とアセスメント——ツールは必要なのか？——」『ソーシャルワーク研究』第31巻第2号、pp.91-103。
NC network「徳川15代、260年の安定政権維持システムとは？」（https://www.nc-net.or.jp/knowledge/kouza/Course/115/、2017年9月19日確認）。

索　引

〈ア　行〉

アセスメント　115, 183, 196
アダムス, A. P.　149
アダムス, J.　148
伊藤良高　109
医療機関との連携　62, 63
インクルーシブ保育・教育　4
ウィリアムズ, G.　146
エコシステム　184, 190
　——構想　181, 191
エコロジカル・パースペクティブ　11, 183
エンゲージメント　196
エンゼルプラン　18, 20
岡山博愛会　149

〈カ　行〉

カウンセリング　99
　——技法　102
　——マインド　111
　——理論　101, 102
課題解決の取り組みのプロセス　87
片山潜　149
家庭教育支援　33
家庭教育の自主性　39
家庭教育力の低下　20
関係機関との連携　52, 53
管理的機能　69
虐待　53, 63, 67, 168
教育的機能　69
緊急支援　94
キングスレー館　149
グループダイナミクス　150
グループワーク　117, 118, 145-147, 150
ケアワーク　86
　——とソーシャルワークの相互性　87
ケースワーク　130, 142
コイル, G.　151
効果測定　113
行動療法　101

認知——　101
子育て支援　3, 6, 9, 20, 21, 28, 33, 36, 42, 67, 129, 130, 141
　——短期支援事業　65
古典的条件づけ　101
子ども
　——の権利擁護　57, 58
　——の最善の利益　5, 26, 39
　——の貧困　67
コミュニケーション　78
　言語的——　99
　非言語的——　99
コミュニティソーシャルワーク　165, 171, 172, 178
コミュニティワーク　165, 171, 178
コンサルテーション　55

〈サ　行〉

時間軸に沿った支援　93, 96
仕事と生活の調和　19
支持的機能　69
システム思考　185, 193
自治会・町内会　169
児童相談所　56, 67, 168, 169
児童の権利に関する条約　5
児童養護施設　51, 54, 67, 74
　——運営指針　53, 55
社会資源　169, 171
社会的孤立　19
社会的養護　7, 51, 52
従属変数　120
受容・肯定・共感的支援　132, 133
シュワルツ, W.　151, 157
少子化対策　18, 19
シングル・システム・デザイン　114
スーパーバイザー　69, 70
スーパーバイジー　69, 70
スーパービジョン　68
　——の機能　69
　——の実際　72

コイト, S.　147
生徒指導提要　60
世代間連鎖　26
セツルメント運動　147
全米乳幼児教育協会　37
早期発見・早期対応　52
相談・援助　46
ソーシャルアクション　29
ソーシャルワーク
　ジェネラリスト・――　56, 85
　ジェネラル・――　184, 188
　――と保育の展開過程　88
　――の価値　3, 6, 10
　――の機能　4, 7, 21, 53

〈タ 行〉

対人相談・援助　38
他責文化　143
多様な保育サービスの充実　20
短期支援　94
地域共同体　170
地域子育て
　――支援拠点　172, 174
　――支援拠点事業　173
　――支援センター　20
チームアプローチ　189
長期援助・支援　95
定量的評価　123
独立変数　120

〈ナ 行〉

日本保育ソーシャルワーク学会　13, 109
乳幼児教育保障　39
乳幼児社会性発達のプロセススケール　114
ネーバーフッド・ギルド　147

〈ハ 行〉

バークレイ報告　172
パートナーシップ　40
バーネット, S. A.　147

バイスティックの7原則　131
ハル・ハウス　148
PDCAサイクル　40, 41
非審判的・許容的態度　103
ひとり親家庭　33
フィリップス, H.　151
福祉事務所　169
フロイト, S.　99
保育
　――カウンセラー　105, 107
　――指導　22-26
　――ソーシャルワーカー　14
　――ソーシャルワーク　4, 6, 8, 10, 17, 24, 27,
　　85, 86, 90, 109, 113, 124, 130, 133, 165, 170,
　　178, 182, 193
保育士養成課程　37
保育所保育指針　3, 34, 35, 59, 157
保護者のニーズ　131, 141

〈マ 行〉

マッキーバー, R. M.　170
面接技法　99, 103, 104
モニタリング　113-117
　――の困難さ　116
問題解決の時間軸　92, 96

〈ヤ 行〉

幼稚園教育要領　34, 36
幼保連携型認定こども園教育・保育要領　34,
　36

〈ラ・ワ行〉

来談者中心療法　100
リッチモンド, M. E.　131
利用者支援事業　174
家庭との連携　36
保健所・保健センターとの連携　60
連絡帳（連絡ノート）　130, 141
ロジャーズ, C. R.　100
YMCA　146

《執筆者紹介》（執筆順、＊は編集委員）

＊永野 典詞	奥付参照	第1章
伊藤 良高	熊本学園大学社会福祉学部教授	第2章
＊伊藤 美佳子	奥付参照	第2章
＊北野 幸子	奥付参照	第3章
桐原 誠	湯出光明童園家庭支援専門相談員	第4章
灰谷 和代	皇學館大学現代日本社会学部助教	第5章
＊小口 将典	奥付参照	第6章
下坂 剛	四国大学生活科学部准教授	第7章
今井 慶宗	関西女子短期大学保育学科講師	第8章
吉田 茂	ふたば保育園長	第9章
竹下 徹	尚絅大学短期大学部准教授	第10章
吉田 祐一郎	四天王寺大学教育学部講師	第11章
山城 久弥	松本短期大学幼児教育学科助教	第12章

《監修》
日本保育ソーシャルワーク学会
2013年11月30日創立．本学会は，「保育ソーシャルワークの発展を期し，保育ソーシャルワークに関する研究及び交流を図り，もって，子どもと家庭の幸福の実現に資する」（会則第3条）ことを目的としている．
連絡先 E-mail（学会事務局）: jarccsw@gmail.com

《編集委員略歴》
永野典詞（ながの　てんじ）
熊本学園大学大学院社会福祉学研究科博士後期課程単位修得退学
現　在　九州ルーテル学院大学人文学部教授，博士（社会福祉学），社会福祉士
主　著　『保育ソーシャルワークのフロンティア』（共編，晃洋書房，2011），他

伊藤美佳子（いとう　みかこ）
聖和大学（現・関西学院大学）大学院教育学研究科修士課程修了
現　在　桜山保育園長，熊本学園大学非常勤講師，修士（教育学）
主　著　『乳児保育のフロンティア』（共編，晃洋書房，2018），他

北野幸子（きたの　さちこ）
広島大学大学院教育学研究科博士課程後期単位修得退学
現　在　神戸大学大学院人間発達環境学研究科准教授，博士（教育学）
主　著　『認定こども園の時代』（共著，ひかりのくに，2014），他

小口将典（おぐち　まさのり）
中部学院大学大学院人間福祉学研究科博士後期課程単位修得退学
現　在　関西福祉科学大学社会福祉学部准教授，修士（社会福祉学）
主　著　『臨床ソーシャルワーク』（編著，大学図書出版，2015），他

保育ソーシャルワーク学研究叢書　第2巻
保育ソーシャルワークの内容と方法

2018年11月10日　初版第1刷発行　　＊定価はカバーに表示してあります

	監　修	日本保育ソーシャルワーク学会 ⓒ
責任編集の了解により検印省略	責任編集	永　野　典　詞 伊　藤　美佳子 北　野　幸　子 小　口　将　典
	発行者	植　田　　実

発行所　株式会社　晃洋書房

〒615-0026　京都市右京区西院北矢掛町7番地
電話　075(312)0788番(代)
振替口座　01040-6-32280

装丁　クリエイティブ・コンセプト　印刷・製本　亜細亜印刷㈱
ISBN 978-4-7710-3093-0

JCOPY 〈(社)出版者著作権管理機構　委託出版物〉
本書の無断複写は著作権法上での例外を除き禁じられています．複写される場合は，そのつど事前に，(社)出版者著作権管理機構（電話 03-3513-6969，FAX 03-3513-6979，e-mail : info@jcopy.or.jp）の許諾を得てください．

伊藤良高編集代表
2018年版　ポケット教育小六法
新書判340頁
定価1300円（税別）

伊藤良高・宮崎由紀子・香﨑智郁代・橋本一雄 編
保育・幼児教育のフロンティア
Ａ５判176頁
定価1800円（税別）

伊藤良高・伊藤美佳子 編
乳児保育のフロンティア
Ａ５判120頁
定価1300円（税別）

伊藤良高・冨江英俊 編
教育の理念と思想のフロンティア
Ａ５判120頁
定価1300円（税別）

伊藤良高・伊藤美佳子 著
新版　子どもの幸せと親の幸せ
――未来を紡ぐ保育・子育てのエッセンス――
Ａ５判176頁
定価1800円（税別）

石村卓也・伊藤朋子 著
教職のしくみと教育のしくみ
Ａ５判246頁
定価2800円（税別）

石村卓也・伊藤朋子・浅田昇平 著
社会に開かれたカリキュラム
――新学習指導要領に対応した教育課程論――
Ａ５判264頁
定価2900円（税別）

福井逸子・山森泉 著
エピソードから始まる保育の描き方・学び方
Ａ５判124頁
定価1800円（税別）

伊藤良高 編著
第２版　教育と福祉の課題
Ａ５判248頁
定価2600円（税別）

天野正輝 著
教育的かかわりの探究
Ａ５判150頁
定価1900円（税別）

――― 晃洋書房 ―――